O Desenvolvimento Social do Brasil

INSTITUTO NACIONAL DE ALTOS ESTUDOS - INAE

PATROCINADORES DO FÓRUM NACIONAL 2011

GRANDES BENEMÉRITOS

 PETROBRAS   Eletrobras

 ODEBRECHT VALE

    GERDAU

 Light   Bradesco

 FIRJAN   Statoil Icatu natura bem estar bem

PATROCINADORES ESPECIAIS: SIEMENS

INSTITUTO NACIONAL DE ALTOS ESTUDOS - INAE
RUA SETE DE SETEMBRO, 71 - 8º ANDAR - CENTRO - CEP: 20050-005 - RIO DE JANEIRO / RJ
TEL.: (21) 2212-5200 - FAX: (21) 2212-5214 - e-mail: forumnacional@inae.org.br - site: http://www.forumnacional.org.br

Roberto Cavalcanti de Albuquerque

O Desenvolvimento Social do Brasil

Balanço dos anos 1900-2010 e agenda para o futuro

© Roberto Cavalcanti de Albuquerque

Reservam-se os direitos desta edição à
EDITORA JOSÉ OLYMPIO LTDA.
Rua Argentina, 171 – 3º andar – São Cristóvão
20921-380 – Rio de Janeiro, RJ – República Federativa do Brasil
Tel.: (21) 2585-2060
Printed in Brazil / Impresso no Brasil

Atendimento direto ao leitor:
mdireto@record.com.br
Tel.: (21) 2585-2002

ISBN 978-85-03-01116-7

Capa: LUCIANA MELLO & MONIKA MAYER

Livro revisado segundo o novo Acordo Ortográfico da Língua Portuguesa.

CIP-BRASIL. CATALOGAÇÃO-NA-FONTE
SINDICATO NACIONAL DOS EDITORES DE LIVROS, RJ

A313a	Albuquerque, Roberto Cavalcanti de, 1939- O desenvolvimento social do Brasil: balanço dos anos 1900-2010 e agenda para o futuro / Roberto Cavalcanti de Albuquerque; prefácio de João Paulo dos Reis Velloso. – Rio de Janeiro: José Olympio, 2011. 23cm

Apêndice
Inclui bibliografia
ISBN 978-85-03-01116-7

1. Desenvolvimento econômico – Aspectos sociais – Brasil. 2. Brasil – Política e governo. 3. Brasil – Condições sociais. 4. Brasil – Política social. 5. Integração social – Brasil. I. Velloso, João Paulo dos Reis, 1931- II. Título.

	CDD: 338.981
11-2206	CDU: 338.1(81)

SUMÁRIO

Prefácio
João Paulo dos Reis Velloso   9

Introdução: O Brasil em desenvolvimento   19

O DESENVOLVIMENTO SOCIAL DO BRASIL

PRIMEIRA PARTE
110 ANOS DE PROGRESSO

Os desempenhos demográfico e econômico	27
Dinâmica demográfica	27
Dinâmica econômica	29
Dinâmicas demográfica e econômica: síntese	31
O desenvolvimento humano brasileiro (1900-2010)	35
As dimensões do IDH-1	36
A marcha do progresso segundo o IDH-1	37
A escala do desenvolvimento humano	39
110 anos de progresso: síntese	40

SEGUNDA PARTE
SETE DÉCADAS DE DESENVOLVIMENTO: O BRASIL, AS REGIÕES E OS ESTADOS

Dinâmicas espacialmente diferenciadas	53
Desenvolvimento humano: convergência	60
As dimensões do IDH-2	63
O IDH-2 e a escala nacional do desenvolvimento	66

TERCEIRA PARTE
DESEMPENHO E ESTRUTURA SOCIAIS: O IDS (1970-2010)

Antecedentes	79
O Índice de Desenvolvimento Social, IDS, 1970-2010	81
O IDS: visão de síntese	82
O IDS: análise dos componentes	88
Saúde: convergência	88
Educação: rápido crescimento	91
Trabalho: desempenho instável	93
Rendimento: expansão lenta, desigualdade elevada	96
Habitação: melhoria qualitativa	104
Desempenho e estrutura: a matriz de correlações do IDS	108

QUARTA PARTE
UMA AVALIAÇÃO DO CAPITAL HUMANO NO BRASIL, SUAS REGIÕES E ESTADOS (1970-2010)

O Índice do Capital Humano, ICH, 1970-2010	121
O ICH: resultados	122

QUINTA PARTE
MEDINDO O ATUAL PROCESSO DE INCLUSÃO SOCIAL NO BRASIL: O IIS (2001-2010)

O conceito de inclusão social	140
O Índice de Inclusão Social, IIS	142
O IIS, visão de conjunto	143
O IIS do Brasil e seus componentes	148
Desigualdades regionais, I: componentes	149
Desigualdades regionais, II: subcomponentes	151
Emprego e renda	152
Educação e conhecimento	153
Informação e comunicação	156
Hiatos metropolitanos, urbanos e rurais	158
Desigualdades entre os estados: convergência	162
O IIS como ferramenta de análise	164

SEXTA PARTE
O BRASIL SOCIAL: UMA AGENDA PARA O FUTURO

Crescimento e desigualdade	178
Os objetivos-metas do desenvolvimento social: 2025	181
Mortalidade infantil	181
Escolaridade	181
Ocupação	182
Emprego formal	183
Pobreza	183
Igualdade	184
Inclusão digital	185
Informação e comunicação	185
Uma sociedade ameaçada?	186

APÊNDICE METODOLÓGICO	187
LISTA DAS TABELAS	197
LISTA DOS GRÁFICOS	199
LISTA DOS ANEXOS	201
REFERÊNCIAS BIBLIOGRÁFICAS	203

Prefácio

João Paulo dos Reis Velloso*

---

*Coordenador-geral do Fórum Nacional (Inae), presidente do Ibmec-Mercado de Capitais e professor da EPGE (FGV). Ex-ministro do Planejamento.

ESTAMOS DIANTE DE UM LIVRO que faz um balanço do desenvolvimento social brasileiro, de 1900 até hoje, e propõe uma agenda para o futuro (até 2025).

E que, ao lado disso, disponibiliza poderosos instrumentos para a avaliação e formulação de políticas de desenvolvimento social: o Índice de Desenvolvimento Social (IDS), o Índice de Capital Humano (ICH), o Índice de Inclusão Social (IIS).

Seu autor, Roberto Cavalcanti de Albuquerque, apoiado na condição de humanista da Renascença,* tirou proveito da longa experiência de formulação de políticas sociais, acumulada principalmente como diretor de Planejamento do Ipea e diretor técnico do Fórum Nacional.

Vejam o resultado.

Antes, uma palavra para lembrar outro economista humanista, Arthur Lewis, quando dizia que o crescimento aumenta a liberdade humana, pois oferece mais escolhas: mais lazer ou mais renda, por exemplo.

E a interligação: a insuficiência educacional (e em outras áreas sociais) prejudica o crescimento; e se o crescimento não for repartido, terá duração mais curta.

No desenvolvimento, tudo interage: crescimento econômico, progresso social, modernização política, avanço cultural, equilíbrio ambiental.

---

*Ver *Renaissance Humanism*, de Donald R. Kelley, Twayne Publishers, Boston, EUA, 1991.

BALANÇO 1900-2010 POR PERÍODOS

Com base na análise da dinâmica demográfica e econômica do período, podemos destacar alguns pontos.

Primeiro, o Brasil nos momentos inicial e terminal do período.

Em 1900, o Brasil era um país de cerca de 17 milhões de habitantes, com um PIB global de US$ 12,3 bilhões e um PIB per capita de US$ 708.**

Em 2010 (estimativa), 191 milhões de habitantes; PIB de US$ 2.162 bilhões; PIB per capita, 11.333.

Um outro mundo.

Para ver mais de perto esse salto, podemos dividir a evolução em períodos.

Fase de Transição, de 1900 a 1930. O país acrescentou alguns setores industriais (principalmente de consumo não durável) ao seu tradicional modelo de agroexportação. Nesse período, o PIB crescia a uma média de cerca de 4,3% a.a. E o PIB per capita, de 1,9% a.a.

Em seguida, Era do *Alto Crescimento*, de 1930 a 1980, em que houve, inicialmente, a metamorfose do Estado (que passou a voltar-se para a industrialização e o desenvolvimento) e a metamorfose do modelo de crescimento, que recuou na agroexportação (Crise dos 30) e passou a avançar rapidamente na indústria (inclusive nos bens de consumo duráveis e certas linhas de bens de capital). Era, também, em que, a partir de 1964, se construiu uma excelente infraestrutura de energia elétrica, transportes (principalmente rodovias e construção naval) e comunicações.

O resultado foi um crescimento do PIB de cerca de 6,5% a.a.; e do PIB per capita, de 3,9%.

Na Fase de *Estagnação Prolongada* (1980-2000, mais os primeiros três anos deste século), tivemos a "Geração de brasileiros que nunca viu o país crescer" (embora tivesse havido transformações econômicas relevantes).

Nesse período, crescimento do PIB de cerca de 2% a.a.; e do PIB per capita, de 0,18% a.a.

** "Dólares equivalentes", PPC.

Na última década, viu-se o *Reinício do Crescimento*, em novas bases, com uma expansão do PIB de 3,6% a.a.; e de 2,3% a.a. no PIB per capita. Um dado a guardar: enquanto o PIB per capita cresceu a quase 4% a.a. na Fase do Alto Crescimento, seu avanço foi um pouco mais de 2% na década 2000-2010.

Como essa análise é insuficiente, vejamos mais de perto o desenvolvimento social.

DESENVOLVIMENTO SOCIAL: O IDS

O Índice de Desenvolvimento Social (IDS), como veremos no texto, oferece uma visão social do país (e suas grandes regiões) muito mais abrangente que outros indicadores, usados internacionalmente. Isso porque seus componentes são: educação, saúde, emprego e trabalho, renda per capita e sua desigualdade, condição dos domicílios (disponibilidade de água, energia elétrica, geladeira, televisão).

O IDS do Brasil era de 3,6 em 1970; 5,4 em 1980; 6,7 em 2000; 8,1 em 2010. *Ou seja, na década de 1970, a de mais alto crescimento em todo o período, o IDS cresceu a 4,1% a.a., em comparação com 1,5% na década de 1980; 0,4% na de 1990; e 2% em 2000-2010.*

A síntese: *40% do desenvolvimento social ocorrido tiveram lugar na década 1970-1980.* Nas décadas da estagnação prolongada, houve algum desenvolvimento social, mas num patamar muito mais baixo (quase nulo entre 1990 e 2000). E razoável desenvolvimento social na década recente.

Se nos voltarmos para a dimensão regional, veremos que, em 1970, o IDS do Brasil (como dito) era de 3,6; o do Sul, 4,2; do Sudeste, 4,7; Centro-Oeste, 3,3; Norte, 3,1; e *Nordeste, 1,9. Sim: Sudeste, 4,7 e Nordeste, 1,9.*

Ao longo do período, tendeu-se à convergência. E, como resultado, em 2010 temos:

Sul: 8,7
Sudeste: 8,6
Centro-Oeste: 8,5
Norte: 7,5
Nordeste: 7,1
(Brasil: 8,1 — repetindo)

Em seguida, breve referência ao desenvolvimento do capital humano, no período, por sua importância econômica e social.

CAPITAL HUMANO — O ICH

O ICH, em resumo, é o produto do componente Educação (no IDS) pela população de 15 anos e mais. Como o capital físico, é, pois, um estoque.
Inicialmente, comparemos a evolução do PIB e do ICH (Brasil):

	PIB	ICH
1970	100	100
1980	229	201
2000	454	637
2010	486	663

Então, o PIB aumentou 129% entre 1970 e 1980; e o capital humano, 101%. Utilização intensa de capital humano, inclusive através do *learning by doing* (Aprender enquanto trabalha). É sabido: a grande indústria de São Paulo, na década, utilizava principalmente operários vindos do Nordeste ("baianos", segundo os paulistas).

Entre 1980 e 2000, o capital humano triplicou (3,2 vezes). Mas o PIB só aumentou 98% (ou seja, nem chegou a dobrar). Significando: grande subutilização de capital humano, de diferentes formas (por exemplo, economistas trabalhando como motoristas de táxi).

Na última década, houve ampliação do capital humano em 4%. E do PIB em 7%. Pequena melhoria na utilização do capital humano disponível (que pouco aumentou).

VISÃO MODERNA: INCLUSÃO SOCIAL — O IIS

O Índice de Inclusão Social (IIS) é um ângulo moderno para ver a condição do país, como se vê dos seus três componentes:

- Índice de Inserção Econômica (emprego e renda);
- Índice de Inserção Educacional (educação e conhecimento);
- Índice de Inclusão Digital (microcomputador, internet, televisão e telefone).

Vemos a seguir o IIS e seus componentes, em 2001 e 2009, e a evolução:

	Nível			
	2001	2009	Aumento (Período – %)	Crescimento Anual %
IIS	4,5	6,5	46	4,8
Índice inclusão econômica	4,3	6,0	39	4,2
Índice inclusão educacional	4,6	6,3	36	3,9
Índice inclusão digital	4,4	7,2	63	6,3

Complementando: a estimativa do IIS do país, em 2010, é de 6,8 (médio-baixa inclusão social), aumento de 8% em relação a 2009. Note-se que em 2001 tínhamos baixa inclusão social (inferior ao nível 5).

E mais: na última década, o PIB cresceu a 3,6% a.a. E o IDS, a 2% a.a.

Significando: o crescimento econômico foi maior que o desenvolvimento social, mas a inclusão social aumentou mais rapidamente que o crescimento. O que, provavelmente, se explica pelo fato de que a base de inclusão social era bem baixa, no início da década, facilitando os avanços rápidos.

Motivo para reflexão: desenvolvimento social mais baixo que crescimento econômico (e até que o aumento do PIB per capita: 2,3% a.a.).

Regionalmente, o IIS, em 2010, se apresentava da seguinte forma (estimativa):

Brasil	6,8	(médio-baixa)
Sul	8,0	(médio-alta)
Sudeste	7,7	(médio-alta)
Centro-oeste	7,1	(médio-baixa)
Norte	6,7	(médio-baixa)
Nordeste	5,2	(baixa)

Essa posição desfavorável do Nordeste ocorre a despeito de a expansão do IIS da região ter sido bem maior que a do país (72 e 46%, respectivamente). E o mesmo aconteceu em todos os componentes (Inclusão Econômica: 57 e 39%; Inclusão Educacional: 61 e 36%; Inclusão Digital: 99 e 63%). Tendência a convergir, tal como ocorreu no Desenvolvimento Social?

PERSPECTIVAS: BRASIL SOCIAL — AGENDA PARA O FUTURO

A colocação básica a fazer, no tocante a uma visão estratégica que permita ao Brasil dar um salto no desenvolvimento social (acompanhando o desenvolvimento econômico), é:

O PAÍS VAI APOIAR-SE NA ECONOMIA DO CONHECIMENTO PARA ATINGIR ESSES DOIS OBJETIVOS?

A economia do conhecimento, no modelo proposto para o Brasil, tem duas dimensões.

De um lado, levar o conhecimento a todos os setores da economia, inclusive agronegócio, mineração moderna, petróleo/gás. Conhecimento sob todas as formas: educação superior, pesquisa & desenvolvimento (P&D), tecnologias genéricas (como as TICs), tecnologias específicas do setor, engenharia de processo, engenharia de produto, métodos modernos de *management* (Gestão Empresarial), *design*, logística, marca. São as inúmeras formas de intangíveis, essenciais à empresa moderna.

De outro lado, levar o conhecimento a todos os segmentos da sociedade, inclusive os de baixa renda. Isso significa fazer novos tipos de inclusão — inclusão digital (já mencionada), inclusão do conhecimento (um mínimo de conhecimento também aos pobres).

O uso amplo da economia do conhecimento irá permitir elevar a Produtividade Total dos Fatores de Produção (PTF), que antes era um grande resíduo, misterioso, depois de considerado o efeito do aumento do uso de mão de obra, capital físico, recursos naturais. E agora passa a ser uma variável a ser utilizada — um instrumento para acelerar o desenvolvimento.

A Agenda Social para o Futuro (até 2025), apresentada no livro, coloca o foco no trinômio desigualdade/pobreza/desemprego.

E propõe uma visão-objetivo do Brasil (em 2025) que, sinteticamente, compreende:

	Objetivos estratégicos	Crescimento anual (%)
PIB*	R$ 6 trilhões	7
PIB per capita**	R$ 29 mil	6,5
IDS	9,5	1
IIS	8,8	2

*Preços constantes.
**População estimada: 206 milhões (crescimento anual de 0,5%).

Se realizarmos essa agenda de futuro, o Brasil, em 2025, terá o quinto PIB no mundo, após China, EUA, Índia e Japão. E um PIB per capita que nos colocaria no primeiro patamar entre os países desenvolvidos.

Viável?

Sim. Se tivermos um Estado moderno, um moderno sistema de partidos políticos, o necessário espírito empresarial, bons fundamentos macroeconômicos, infraestrutura moderna, os pilares mencionados. E se a citada economia do conhecimento for usada para o aproveitamento das oportunidades econômicas e sociais de caráter estratégico.

E, naturalmente, uma sociedade ativa e moderna — que se manifeste econômica, social, politicamente. E evite a existência de uma *Animal Farm* (*à la* Orwell: "Todos são iguais, mas uns são mais iguais que outros").

INTRODUÇÃO

O Brasil em desenvolvimento

Os pensadores modernos — Vico, Condorcet, Kant, Proudhon, Comte, Mill, Hegel, Marx — não concebem nem interpretam o progresso do mesmo modo. Todos eles, porém, veem a história como a gradual mas firme marcha da civilização: um evoluir constante, alicerçado na crença da perfectibilidade humana e motivado por busca incessante de melhor-estar.[1]

O pensamento antigo, ao contrário, esposa uma visão das sociedades humanas que desconhece o progresso como ideário e esperança. Vê na história a repetição cíclica de apogeus e declínios. O pessimismo de Spengler, um moderno, nunca alcançou as alturas da imprecação do *Eclesiastes*: "O que foi, será, o que se fez, se tornará a fazer: nada há de novo debaixo do sol!"[2]

Heródoto, um antigo, entendia que "a prosperidade humana jamais é estável", deslocando-se continuamente de lugar. Por isso, sua *História* trata igualmente "as pequenas e grandes cidades dos homens, pois muitas cidades outrora grandes são agora pequenas, e as grandes cidades de meu tempo foram outrora pequenas".[3] Toynbee, um moderno que viu em declínio a cristandade latino-ocidental, para ele a única das 26 civilizações ainda sobrevivente, rejeitaria tamanho relativismo.

É importante distinguir, nesse contexto, o fato da ideia de progresso. O fato progresso constata-se, examina-se, no passado ou no presente. É verificação feita tanto pelos antigos quanto pelos modernos. A ideia

---

[1]Cf. Mortimer & Gorman, 2v., p. 437-53.
[2]Eclesiastes, 1,9. Cf. *A bíblia de Jerusalém*, p. 1.167.
[3]Heródoto, p. 20.

de progresso, ao tomar o passado e o presente como referências para o futuro, coloca-o como objetivo, projeto. Tanto Tucídides quanto Adam Smith consideraram o progresso como fato. Mas Tucídides refere-se ao fausto das cidades do Peloponeso do século V a.C. sem enxergar um futuro que supere em grandeza o tempo de Péricles. Smith, ao contrário, busca as causas da riqueza das nações da Europa do último quartel do século XVIII com a finalidade de reproduzi-la e ampliá-la. Ele se torna, portanto, um promotor da ideia de progresso. Vê o passado e o presente de olho no futuro.[4]

É sob inspiração smithiana que se intenta aqui um balanço da trajetória do desenvolvimento brasileiro ao longo do século XX. Balanço que avança pela primeira década deste século, vindo até 2010.

O desenvolvimento, como processo de permanente autoalteração de uma sociedade, dificilmente se explica sem o recurso à noção de sentido, direção, propósito, intencionalidade.

Malgrado a partição das ciências sociais em escaninhos estanques — os da economia, sociologia (e antropologia cultural), os da política — e na ausência de uma teoria geral do desenvolvimento, parece legítimo admitir que são três as finalidades que comumente lhe são imputadas: a eficiência, a equidade e a liberdade. Embora elas sejam interdependentes, pode-se afirmar que a eficiência é vista como objetivo mais econômico, a equidade como objetivo mais social e a liberdade como objetivo mais político.

Dentro dessa visão global do desenvolvimento, a sua dimensão econômica pode ser vista sob o ângulo da produção e da produtividade, estando a dimensão social comprometida com os objetivos de justa repartição dos benefícios do desenvolvimento.

É bimilenar a ideologia igualitária. De inspiração judaico-cristã e um dos fundamentos da moderna civilização ocidental, a igualdade ganhou foros políticos e começou a ter vigência social em boa parte da Europa e nos Estados Unidos a partir do século XVIII. Não a igualdade absoluta, uma utopia que ignora uma característica intrinsecamente humana, a diversidade. Mas uma igualdade de direitos, de oportunidades

---

[4]MORTIMER & GORMAN, v. 2, p. 438-9. Cf. também TUCÍDIDES e SMITH.

de realização individual ou coletiva, mais consentânea aos conceitos contemporâneos de equidade e justiça.

No Brasil, a Constituição do Império, de 1824 — de pendores liberais embora imperialmente outorgada por dom Pedro I —, já consagrou essas ideias de "justiça e equidade", assegurando aos cidadãos brasileiros ampla gama de direitos civis e políticos.[5] De fato, porém, para os escravos, então cerca de metade da população, continuaram valendo, por quase todo o século XIX, o açoite, as marcas a ferro quente, a tortura, a morte. Desprovidos de cidadania, eles eram propriedade plena de seus senhores.

Pode-se dizer que, na segunda metade do século XIX, no cerne da questão social brasileira esteve sempre a escravidão, a maior das iniquidades. Joaquim Nabuco, autor de *O abolicionismo*[6] — um dos textos fundadores da sociologia brasileira por articular uma visão totalizadora das raízes históricas do Brasil —, vê na escravidão a instituição que formou o país: sustentando-lhe a economia; definindo sua estrutura social; explicando o Estado e, em geral, as formas do exercício do poder na sociedade; influenciando fortemente a cultura nacional. E lamenta que os abolicionistas, bastando-se apenas com a libertação formal dos negros, nos tenham legado um país confuso e incompleto: ao frustrar a necessária reforma da sociedade, que deveria ter-se seguido ao 13 de maio de 1888. Mais que ela, a "reforma individual de nós mesmos", assim resgatando "os escravos e senhores do jugo que os inutiliza, igualmente, para a vida livre".[7] Pois na alforria dos escravos estava também a salvação dos senhores dos vícios fortemente arraigados do escravocrata.

Abandonados, os ex-escravos são, no limiar do século XX, os mais miseráveis dentre os miseráveis. E a escravidão ainda hoje projeta densas sombras sobre uma sociedade, a brasileira, que continua partida, fraturada por desigualdades e privilégios excludentes de muitos. Embora o país disponha dos meios para preencher esse fosso social, turvações no sentimento, alegorias de retórica contaminaram-lhe a razão, impedindo o agir eficaz, socialmente transformador.

---

[5]Constituição Política do Império do Brasil, artigo 179, especialmente o item 18, p. 40-50. Releva notar que essa Carta, como observou Joaquim Nabuco (NABUCO (1883), p. 154), não faz qualquer menção à escravidão.

[6]NABUCO (1883), p. 50 e 87.

[7]Em NABUCO (1900), p. 207-12, passim.

No final do século passado, a desigualdade e a pobreza ainda formavam o núcleo, duro e resistente, da questão social brasileira. A elas somava-se uma outra mazela social grave, o desemprego acumulado ao longo da crise de crescimento das décadas de 1980 e 1990.

Não há porém como negar que, no século XX, o Brasil deu um grande salto em seu desenvolvimento. Em suas várias dimensões, especialmente a econômica e a social. Esse fenômeno ocorreu em todas as grandes regiões e nos estados, embora em ritmos e intensidades diversos. Beneficiando, de um ou outro modo, a toda a população, malgrado em cadências e quinhões diferenciados.

É esse evoluir que se pretende analisar neste estudo — em abordagem que é mais quantitativa que qualitativa. Pondo o foco na dimensão social do desenvolvimento, mas sem descurar o exame das dinâmicas demográfica e econômica naquilo que elas relevam mais de perto ao social. Vendo, num primeiro momento, todo o século XX e a primeira década deste século, apenas para o Brasil como um todo. Detendo-se em seguida nos 70 anos que medeiam entre 1940 e 2010, para examinar tanto o país quanto as regiões e estados, num balanço um pouco mais amplo dos vários aspectos e implicações da marcha do desenvolvimento. Focalizando, num terceiro momento, as quatro décadas mais recentes (1970-2010): para ampliar a análise, em suas múltiplas dimensões, do desenvolvimento social do país, suas regiões e estados. E, num quarto momento, detendo-se na primeira década deste século: para avaliar de perto o processo de inclusão social que ocorre no país, regiões e estados — e nos meios rural, urbano e metropolitano.

Sugerem-se ao final as bases de uma agenda de desenvolvimento para o Brasil que dá ênfase ao social. Agenda que emerge dessa tentativa multifacetada de avaliar econômica e socialmente, com os olhos postos no futuro, vários passados nacionais mais ou menos recentes.

PRIMEIRA PARTE

110 ANOS DE PROGRESSO

OS DESEMPENHOS DEMOGRÁFICO E ECONÔMICO

Considerado em seu conjunto, foi grande o progresso obtido pelo Brasil nos 110 anos compreendidos entre 1900 e 2010. Nesse período, a população do país evoluiu de 17,4 milhões em 1900 para 190,7 milhões em 2010, multiplicando-se por 11; o Produto Interno Bruto, PIB, equivalente, em "dólares internacionais", a PPC\$ 12,3 bilhões em 1900, alcançou PPC\$ 2.161,5 bilhões em 2010, multiplicando-se por 175; e o PIB per capita avançou, no mesmo período, de PPC\$ 708 para PPC\$ 11.333, multiplicando-se por 16.[8] Vale examinar brevemente essa acelerada evolução econômico-social.

Dinâmica demográfica

O crescimento demográfico brasileiro entre 1900 e 2010, de 2,2% ao ano, cerca de 60% superior ao mundial (1,3%), elevou a participação do país na população do mundo de 1,0% em 1900 para 2,8% em 2010. Neste último ano, o Brasil era (ainda é e deverá continuar sendo por alguns anos) o quinto país em porte demográfico, superado pela China (1.354 milhão, 20% da população mundial), Índia (1.215 milhão, 18%), Estados Unidos (318 milhões, 4,6%) e Indonésia (232 milhões, 3,4%).[9]

---

[8]Ver, a propósito, o Anexo I a esta primeira parte. Os valores do PIB e do PIB per capita brasileiros estão expressos em dólares internacionais de 2009, unidade de conta que exprime a paridade do poder de compra (PPC) do dólar nos Estados Unidos e do real no Brasil naquele ano. Cf. THE WORLD BANK (2004), p. 249-71, e THE WORLD BANK (1990-2010).

[9]Cf., para o crescimento populacional brasileiro, a Tabela 1. Para os dados demográficos mundiais e de outros países, United Nations (2010). Segundo essa fonte, a população mundial em 1900 foi de 1,650 milhão, devendo ter alcançado 6,9 bilhões em 2010. Projeções de crescimento demográfico sugerem que, em torno de 2015, a população do Paquistão (185 milhões em 2010) superará a do Brasil.

TABELA 1

BRASIL: CRESCIMENTO MÉDIO ANUAL (%) DO PIB,
POPULAÇÃO E PIB PER CAPITA, 1900-2010

Período	PIB	População	PIB per capita
1900-2010	4,81	2,21	2,54
1900-2000	4,93	2,31	2,56
1900-1950	4,65	2,21	2,39
1950-2000	5,21	2,41	2,73
1900-1980	5,67	2,42	3,17
1980-2000	2,03	1,86	0,17
1980-2010	2,54	1,64	0,88
1900-1910	4,23	3,15	1,05
1910-1920	4,24	2,57	1,63
1920-1930	4,52	1,48	2,99
1930-1940	4,39	1,51	2,83
1940-1950	5,90	2,34	3,48
1950-1960	7,38	3,04	4,22
1960-1970	6,17	2,89	3,19
1970-1980	8,63	2,44	6,04
1980-1990	1,57	2,14	-0,56
1990-2000	2,49	1,57	0,91
2000-2010	3,57	1,22	2,33

FONTE: Anexo I.

Dois conjuntos distintos de fatores determinaram as dinâmicas populacionais brasileiras da primeira e da segunda metade do século passado, períodos em que a população do país cresceu, respectivamente, a 2,2% e 2,4% ao ano (Tabela 1).

O crescimento demográfico elevado das décadas de 1900 (3,2%) e 1910 (2,6%) deveu-se em boa parte à imigração estrangeira, proveniente principalmente da Europa. Nesses 20 anos, o crescimento natural da população foi, em média, de 1,9% ao ano, com a taxa bruta de natalidade decrescendo a 4,5% e a de mortalidade a 2,6% anuais. As imigrações perderam relevo na determinação da expansão demográfica desde os anos 1920 — sem que se tenham alterado significativamente, por 20 anos, seja a taxa de natalidade, seja a de mortalidade. Em decorrência, decaiu para 1,5% ao ano o aumento da população no período 1920-1940.

A partir de então, em rápida transição demográfica, ocorreu, num primeiro momento, queda persistente da taxa de mortalidade (que foi de 2,1% na década de 1940, 1,3% nos anos 1950 e 0,9% no decênio seguinte), concomitante a ligeira queda na taxa de natalidade, que se manteve no patamar de 4% ao ano até 1970. Os altos crescimentos demográficos resultantes, 2,3%, 3,0% e 2,9% nos períodos 1940-1950, 1950-1960 e 1960-1970, refletiram essencialmente esses dois fenômenos, pois, nesses 30 anos, tornou-se relativamente insignificante a imigração. Em um segundo momento, verificou-se queda da taxa de natalidade, que despencou a 2,9% ao ano em 1970-1980 e 2,0% em 1990-2000, com a taxa de mortalidade decrescendo relativamente menos: a 0,81% anuais em 1970-1980 e 0,67% em 1990-2000. Esses dois últimos fenômenos determinaram quedas seguidas no crescimento demográfico, que foi, em média, 2,4% anuais em 1970-1980, 2,1% em 1980-1990, 1,6% em 1990-2000 e 1,2% nos anos 2000-2010.[10]

Hoje, o crescimento demográfico deve girar em torno de 1% ao ano, encaminhando-se o Brasil, nos próximos 20 ou 30 anos, para uma população virtualmente estacionária.

DINÂMICA ECONÔMICA

Diversa, porquanto instável e extremamente lábil, foi a dinâmica econômica de longo prazo no Brasil.

Nos cem anos que medeiam entre 1900 e 2000, o crescimento médio anual do PIB foi elevado: 4,9%, tendo sido maior no período 1950-2000 (5,2%) do que no período 1900-1950 (4,7%). Nesse início de século (2000-2010), essa evolução foi de apenas de 3,6% ao ano (Tabela 1).

As médias por décadas revelam uma expansão econômica que foi mais estável na primeira metade do século XX, quando ela se manteve sempre acima de 4% anuais, do que na segunda metade, quando declinou dos patamares superiores a 6%, alcançados nos anos 1950 (7,4%), 1960 (6,2%) e 1970 (8,6%), para níveis abaixo de 4%: em 1980-1990 (1,6% ao ano) e 1990-2000 (2,5%).

---

[10]Cf. IBGE (1900-2010) e 1977, especialmente p. 46. Para exame mais detido do assunto, ver VALLE E SILVA & OLIVEIRA BARBOSA, p. 31-57.

Comportamento semelhante exibiu o PIB per capita. Ele cresceu, em média, a 2,6% em 1900-2000, mais em 1950-2000 (2,7%) do que em 1900-1950 (2,4%), a despeito da maior expansão demográfica relativa ocorrida na segunda metade do século passado. Por décadas ele se manteve sempre acima de 1% na primeira metade do século, alcançando 3,5% anuais em 1940-1950, porém oscilou de mais de 6% nos anos 1970 para -0,6% nos anos 1980, a chamada década perdida para o crescimento econômico.

Nos 110 anos que vão de 1900 a 2010, os primeiros 80 anos (1900-1980) foram de elevado crescimento: 5,7% anuais para o PIB e 3,2% para o PIB per capita. As últimas duas décadas do século XX (os anos 1980-2000) foram de virtual paralisia econômica, com ligeira recuperação no primeiro decênio deste século, que exibiu crescimento médio anual do PIB de 3,6% e de 2,3% do PIB per capita.

O país somente foi capaz de sustentar, por mais de três anos seguidos, crescimento econômico acima da média anual desses 110 anos, que foi de 4,8% do PIB, nos períodos 1948-1955 (oito anos), 1957-1961 (cinco anos) e 1968-1980 (12 anos): ao todo, 25 anos.

Por sua vez, o PIB per capita cresceu, por mais de três anos consecutivos acima da média anual de 2,5% alcançada entre 1900 e 2010, apenas em 1957-1961 (cinco anos) e 1968-1976 (nove anos): ao todo 14 anos, tendo ademais decrescido em 33 dos 110 anos da série histórica, 12 dos quais entre 1980 e 2010.

O primeiro dos períodos de contínua e elevada expansão econômica, 1948-1955, corresponde a grande parte do governo de Eurico Gaspar Dutra (1946-1951) e a todo o governo constitucional de Getúlio Vargas (1951-1954). Nele a economia operou a plena carga, intensificaram-se a industrialização (em especial a siderurgia) e a urbanização, além de ter crescido a capacidade para importar. O Estado, fortalecido e ampliado durante o ciclo fechado e autoritário de Vargas (1937-1945), resistiu, embora ferido, ao ataque do liberalismo (a queda do Estado Novo dera-se de fora para dentro, na crista da onda de democracia gerada pela vitória aliada na Segunda Guerra Mundial). Manteve, portanto — mais claramente após 1951, com Vargas —, a capacidade de iniciativa de decisões políticas que favoreceram o desenvolvimento.

No segundo período de maior dinamismo, 1957-1961, o crescimento foi impulsionado pelo desenvolvimentismo de Juscelino Kubitschek (1956-61), tocado sob os signos da confiança e do otimismo. Deu-se etapa mais complexa do processo de industrialização substitutiva de importações, cujo carro-chefe foi a indústria automotiva.

O terceiro e mais longo período, 1968-1980, correspondeu à fase economicamente brilhante do regime militar instalado em 1964, após interregno, de mais de três anos (1964-1967), de reorganização das instituições econômicas e de montagem do Estado como superinstituição.[11]

Vale ainda ressaltar que, mesmo quando os abruptos ciclos de curto-médio prazo que caracterizaram a evolução da economia brasileira nos últimos 110 anos são estatisticamente atenuados — com o recurso, por exemplo, a médias trienais encadeadas —, persiste elevada a volatilidade do crescimento. O PIB e o PIB per capita cresceram de forma continuada e por mais de três anos acima das médias trienais dos 110 anos — que foram, respectivamente, 4,8% e 2,5% para o PIB e o PIB per capita — nos seguintes períodos: 1919-1924 (seis anos), 1934-1938 (cinco anos), 1945-1963 (19 anos) e 1968-1980 (13 anos): ao todo, 43 anos. Sendo de referir que as médias trienais do PIB per capita tornaram-se negativas em 17 anos, sete dos quais no período 1980-2010.[12]

DINÂMICAS DEMOGRÁFICA E ECONÔMICA: SÍNTESE

Uma visão de síntese das evoluções demográfica e econômica do Brasil nos últimos 110 anos pode ser obtida a partir dos Gráficos 1 a 4.

O Gráfico 1 apresenta as evoluções do PIB, população e PIB per capita em índices (1900 = 100) plotados em escala logarítmica.

Note-se o grande salto de crescimento do PIB entre 1950 e 1980, quando ele se multiplicou por 8,5, e o amortecimento dessa expansão entre 1980 e 2010, quando ele se multiplicou por apenas 2,1. Veja-se

---

[11]Veja-se, sobre a evolução da economia brasileira nesses períodos, VELLOSO (1986). Sobre o século XX como um todo, os seguintes estudos: PAIVA ABREU, BONELLI e REIS et al. Consulte-se, ainda, ALBUQUERQUE (1989).

[12]Note-se que o desempenho do PIB per capita em 2000-2010 explica-se mais pela queda do crescimento demográfico que pelo aumento da produção de bens e serviços.

também a aceleração do crescimento do PIB per capita na década de 1970, que resultou tanto do ritmo mais intenso da evolução do PIB quanto da redução da taxa de expansão demográfica. E observe-se, ainda, a pífia performance do PIB per capita entre 1980 e 2010, a despeito de ser este o período em que desacelerou mais rapidamente o crescimento da população.[13]

O Gráfico 2 apresenta a evolução (1901-2010) do crescimento médio anual do PIB, população e PIB per capita. Repare-se a grande labilidade da primeira e da última dessas variáveis, fato que se manifesta ao longo de todo o período e contrasta ao comportamento menos errático da expansão demográfica.

Uma medida sintética da amplitude dessas oscilações é o coeficiente de variação, V. Ele foi, em 1901-2010, de 89% para o PIB, 32% para a população e 159% para o PIB per capita. V foi, ademais, sempre maior em 1901-1950 (alcançou 100% para o PIB, 31% para a população e 189% para o PIB per capita) do que em 1951-2010 (quando refluiu para 79%, 23% e 136%, respectivamente).

Uma economia — a da primeira metade do século passado — dominantemente agrícola, dependente das vicissitudes de uns poucos produtos de exportação (em especial do café) e incorporando a sua população importantes influxos migratórios, tende a ser mais instável em seu desempenho. Mormente quando em confronto com uma sociedade — a dos últimos 60 anos — crescentemente complexa em sua estrutura produtiva, orientando-se mais e mais para o mercado interno, em rápida transição demográfica, integrando-se espacialmente e se tornando cada vez mais urbano-industrial.[14]

---

[13]O PIB per capita de 2010 supera o de 1980 em 32% (Anexo 1).

[14]O coeficiente de variação, V, foi em 2001-2010, 66% para o crescimento médio anual do PIB, 3% para o da população e 103% para o do PIB per capita.

GRÁFICO 1
BRASIL: PIB, POPULAÇÃO E PIB PER CAPITA, 1900-2010

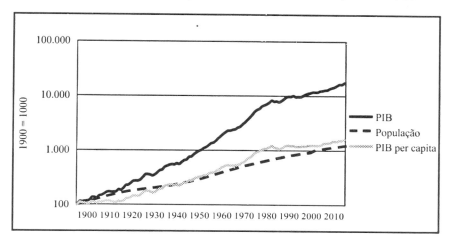

GRÁFICO 2
BRASIL: CRESCIMENTO MÉDIO ANUAL (%) DO PIB,
POPULAÇÃO E PIB PER CAPITA, 1901-2010

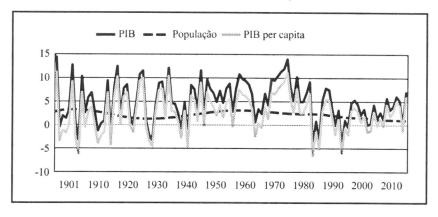

O Gráfico 3 apresenta as mesmas três variáveis para o mesmo período (1903-2010), agora por médias trienais encadeadas. Nele, evidentemente, atenuam-se, em relação ao Gráfico 2, as oscilações de ritmo das duas variáveis mais sensíveis, o PIB e o PIB per capita. Com efeito, no período todo (1903-2010), os coeficientes de variação delas são 60,7% para o PIB e 107,3% para o PIB per capita.[15] Mas é interessante ressaltar que se reduz mais, na primeira metade do século, a variação do PIB total (*V* foi 100% e 56% quando medido, respectivamente, para os dados apresentados nos Gráficos 2 e 3), justamente quando ciclos mais curtos determinaram a evolução da economia. E cai menos no período seguinte, 1950-2010 (de 79% para 63%), fase na qual prevaleceram tendências mais pesadas de impulso (anos 1950 e 1970, principalmente) e de freio (na maior parte dos anos que se seguiram a 1980) ao crescimento econômico.[16]

Gráfico 3
BRASIL: CRESCIMENTO MÉDIO (%) DO PIB, POPULAÇÃO E PIB PER CAPITA, 1903-2010 (MÉDIAS TRIENAIS)

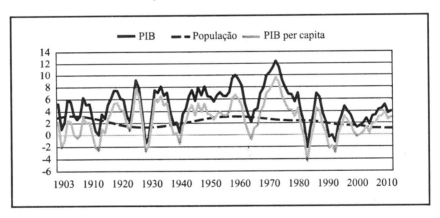

O Gráfico 4 retrata, por décadas, as taxas médias de crescimento anual das três variáveis analisadas. Destaque-se o crescimento elevado e em geral crescente exibido pelo PIB (acima de 4% anuais) nos oito primeiros decênios e a expressiva queda observada nos três últimos (1,6%, 2,5% e 3,6%% ao ano, respectivamente em 1980-1990, 1990-2000 e 2000-2010).

---

[15]A variação do crescimento demográfico, por médias trienais, manteve-se no mesmo patamar da observada por médias anuais, com *V* igual a 28%. E também foi maior entre 1901 e 1950 (30,9%) do que em 1950-2001 (24,8%).
[16]Nas duas metades do século passado, *V* foi para o PIB per capita 107% (1903-1950) e 112% (1950-2000). Esse último valor se explica pela elevada labilidade das médias trienais do PIB do PIB per capita verificadas em 1980-2000 (*V* de 96% e 371%, respectivamente).

Nesse gráfico, a linha de tendência (relativa ao PIB e resultante de regressão polinomial de terceira ordem) despenca abruptamente no final do período, sugerindo que pode ser problemático o objetivo de se alcançar, em futuro próximo, crescimento econômico elevado.

GRÁFICO 4
BRASIL: CRESCIMENTO DO PIB, POPULAÇÃO E PIB PER CAPITA POR DÉCADAS, 1900-2010

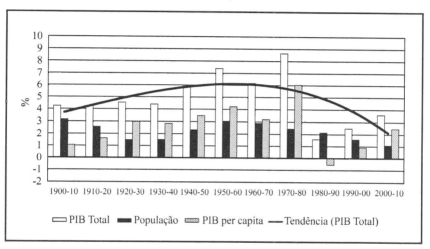

A esse propósito, basta observar que, postulando-se para os anos 2000-2020 o objetivo, modesto, de expansão do PIB equivalente à média histórica do período 1900-2010 (4,8% anuais), seria necessário crescer, entre 2010 e 2020, à média anual de 6,1%, proeza que, no longo período examinado, a economia somente alcançou em três décadas, as de 1950, 1960 e 1970 (Tabela 1).

O DESENVOLVIMENTO HUMANO BRASILEIRO (1900-2010)

Esta visão de conjunto do século XX e primeira década deste século complementa-se com uma análise do desempenho brasileiro medido por indicador sintético de desenvolvimento — o Índice de Desenvolvimento Humano, IDH-1.

Como sabido, os IDHs são medidas sintéticas de desenvolvimento estimadas desde 1990 para os diversos países pelo Programa das Nações Unidas para o Desenvolvimento, Pnud.[17] Em sua versão mais conhecida, eles medem o desempenho médio de um país em três dimensões de sua trajetória de progresso, consideradas básicas: (1) uma vida longa e sadia, mensurada pela esperança de vida ao nascer; (2) o conhecimento, medido por indicadores educacionais; e (3) um padrão de vida decente, medido pelo PIB per capita. Os IDHs são uma média de índices, variando entre 0 e 1, calculados para cada uma dessas dimensões.[18]

Devido à escassez e precariedade dos dados para a primeira metade do século XX, o IDH calculado para o Brasil — chamado neste estudo IDH-1 — considera para a dimensão educacional do desenvolvimento apenas a taxa de alfabetização.

As dimensões do IDH-1

Ao longo do período 1900-2010, foram importantes os avanços alcançados pelo Brasil nas três dimensões do desenvolvimento humano citadas. A expectativa média de vida evoluiu de 31,2 anos em 1900 para 74,0 anos em 2010, multiplicando-se por 2,4; a taxa de alfabetização das pessoas de 15 anos e mais evoluiu de 34,7% para 90,4%, multiplicando-se por 2,6; e o PIB per capita progrediu de PPC$ 708 para PPC$ 11.333, multiplicando-se por 16.[19]

A Tabela 2 apresenta o crescimento médio anual das duas primeiras variáveis por períodos. No período 1900-2010, a expectativa de vida dos brasileiros cresceu anualmente a 0,79%. Esse evoluir foi mais intenso

---

[17]Cf. UNPD (1990).

[18]Neste estudo, os IDHs, como em geral os demais índices sintéticos de desenvolvimento, são expressos por notas que variam, hipoteticamente, de 1 a 10, sendo expressas com duas casas decimais.

[19]Na escala mundial do desenvolvimento, o Brasil vem se caracterizando como um dos países que têm melhor classificação em termos de PIB per capita do que de IDH. No final do século XX (2000), o país ocupou o 60º lugar entre 173 países pelo primeiro indicador e o 73º lugar pelo segundo. De acordo com o Pnud, o último IDH do Brasil (2010) foi de 6,99 (ou 0,699, segundo o Pnud), correspondente a "desenvolvimento humano elevado". Com essa nota, o Brasil ocupou o 73º lugar no *ranking* do desenvolvimento humano. Esse último IDH resulta de nova metodologia, inconsistente à anteriormente utilizada pelo Pnud. Cf. UNPD 2010, p. 151-4 (Apud ALBUQUERQUE, 2001, p. 84-5).

nas fases de maior crescimento do PIB per capita: na segunda metade de século passado (0,81%) com relação à primeira metade (0,78%), a despeito do conhecido comportamento assintótico no tempo dessa variável; e no período 1900-1980 (0,82%) em relação a 1980-2010 (0,70%). Note-se que o coeficiente de correlação, R, desse indicador em relação ao PIB per capita foi de 0,979 em 1900-2010, com o coeficiente de determinação, R^2, alcançando 0,957.

Fenômeno semelhante ocorreu com a taxa de alfabetização, que se correlaciona ainda mais fortemente ao PIB per capita (R = 0,984, R^2, 0,968 no mesmo período).

Esse indicador, mantido virtualmente constante e em nível muito baixo entre 1900 e 1920 (34,7% e 35,1%, respectivamente) revela que, malgrado o ideário positivista que a inspirou, a Primeira República seguiu o Império no descaso pela educação pública, convivendo por duas décadas com população constituída por 2/3 de analfabetos.

O impulso da alfabetização ocorrido em 1920-1950 (crescimento de 35,1% para 49,4%, ou 1,2% a.a.) refletiu antes a melhoria dos níveis de vida associada ao crescimento do PIB per capita — que foi de 3,1% anuais nesse último período, comparados a 1,3% em 1900-1920 — do que projeto claramente orientado para a educação básica em massa. Somente no limiar da segunda metade do século (1951) o número de alfabetizados superou, no país, o de analfabetos.

Durante quase todo o século passado, o número de analfabetos persistiu crescendo, atingindo seu ápice (19,2 milhões) em 1991.[20] Regrediu lentamente desde então e ainda se mantinha em 2010 no incômodo patamar de 14 milhões.

A MARCHA DO PROGRESSO SEGUNDO O IDH-1

O Gráfico 5 apresenta as trajetórias do IDH-1 e seus componentes para 1900-2010.

Neles, seus três componentes estão normalizados segundo parâmetros que ensejam sua comparação com os estimados pelo Pnud para 173

---

[20] Os analfabetos eram 6,3 milhões em 1900.

países e relativos ao ano de 2000.[21] Os PIBs per capita estão, ademais, expressos em logaritmos, incorporando a hipótese da utilidade marginal decrescente da renda.[22]

TABELA 2

BRASIL: CRESCIMENTO MÉDIO ANUAL (%) DA ESPERANÇA DE VIDA, TAXA DE ALFABETIZAÇÃO E DO IDH-1 POR PERÍODOS (1900-2010)

Período	Esperança de vida	Taxa de alfabetização	IDH-1
1900-2010	0,79	0,87	1,07
1900-2000	0,79	0,92	1,11
1900-1950	0,78	0,71	1,14
1950-2000	0,81	1,14	1,09
1900-1980	0,82	0,96	1,24
1980-2000	0,66	0,78	0,62
1980-2010	0,70	0,65	0,64
1900-1910	0,88	0,05	0,82
1910-1920	0,89	0,05	0,92
1920-1930	0,73	1,17	1,41
1930-1940	0,68	1,09	1,23
1940-1950	0,72	1,19	1,29
1950-1960	1,33	2,01	1,92
1960-1970	0,06	0,94	0,68
1970-1980	1,33	1,19	1,60
1980-1990	0,87	0,64	0,61
1990-2000	0,46	0,92	0,63
2000-2010	0,77	0,38	0,68

FONTE: Anexos I e II.

Os IDHs-1 são a média simples de seus componentes. Eles variam, hipoteticamente, de 0 a 10, com duas casas decimais. Observe-se no Gráfico 5 que o IDH-1 evoluiu da nota 2,59, obtida em 1900, para a nota 8,37, alcançada em 2010, ou seja, multiplicou-se por 3,2, crescendo, nesse período, a 1,1% ao ano (Tabela 3, primeira coluna). Cresceu

---

[21]Ver, a propósito dessa normalização, o Apêndice Metodológico ao final deste livro.
[22]Ver o Anexo II para as séries do IDH-1 e seus componentes (salvo a do PIB per capita, que está no Anexo I), retratadas no Gráfico 5.

no mesmo nível em 1900-1950 e 1950-2000 (1,1% ao ano), mais entre 1900-1980 (1,2%), que foram 80 anos de elevado desenvolvimento para o Brasil, e menos em 1980-2010 (0,6% anuais).

GRÁFICO 5
BRASIL: EVOLUÇÃO DO IDH-1 E COMPONENTES, 1900-2010

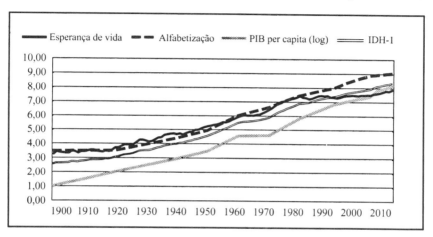

Por décadas, despontam com melhores desempenhos os anos 1950-1960 (crescimento do IDH-1 de 1,9% ao ano), 1970-1980 (1,6%), 1920-1930 (1,4%), 1940-1950 (1,3%) e 1930-1940 (1,2%). Tiveram pobre desempenho os anos 1980-1990 (0,6%), 1990-2000 (0,6%) e 2000-2010 (0,7%).

A ESCALA DO DESENVOLVIMENTO HUMANO

Os IDHs-1 anuais para o período 1900-2010 (Anexo II) ensejam a construção de uma escala do desenvolvimento humano para o Brasil nesse período e a comparação dos níveis de desenvolvimento alcançados, em anos selecionados, com os de outros países (em 2000). É o que se apresenta na Tabela 4.

Nela, o IDH-1 é classificado nos seguintes níveis: muito baixo, até 4,00; baixo, de 4,01 a 5,00; médio-baixo, de 5,01 a 0,650; médio-alto, de 6,51 a 8,00; alto, de 8,01 a 9,00; e muito alto, acima de 9,00.

Os dois primeiros níveis correspondem, juntos, ao nível de desenvolvimento humano considerado baixo pelo Pnud; os dois seguintes, ao nível médio; os dois últimos, ao nível alto.[23]

Nessa tabela pode-se observar que, até 1939, o Brasil tinha IDH-1 muito baixo. O de 1900 (2,59) estava um pouco acima do de Serra Leoa em 2000 (2,42); o de 1927 (3,42), pouco acima do nível da Etiópia nesse mesmo ano (3,41); e o de 1928 (3,50), algo maior que o de Moçambique (3,45).

Em 1941, o país alcançou IDH-1 de nível baixo (4,06), estando em 1951 (4,64) emparelhado ao do Congo de 2000. E ombreou-se, em 1953 (IDH-1 de 4,82), ao da Nigéria de 2000 (4,83).

Em 1955, o Brasil ingressou no nível médio-baixo de desenvolvimento humano, com IDH-1 de 5,02, comparável ao do Paquistão em 2000 (nota 5,03). Nesse nível permaneceu até 1976, chegando em 1968, com a nota 5,78, ao patamar da Índia de 2000 (5,79). O país somente alcançou o nível médio-alto em 1976, com IDH-1 de 6,55, aproximando-se da Indonésia de 2000 (7,09) em 1984, com IDH-1 de 7,04.

Em 1998, com IDH-1 de 7,74, superou o Paraguai de 2000 (7,72), alcançando em 2004 o nível alto de desenvolvimento humano (8,04).

Em 2010, o Brasil, com IDH-1 de 8,37, ainda se encontrava no nível alto de desenvolvimento humano: entre 8,01 e 9,00 (o México exibiu, em 2000, IDH-1 de 8,2). Poderá, por esse critério, alcançar o nível muito alto (acima de 9,00) ainda nesta década, se lograr aceleração em sua trajetória de progresso, errática e anêmica há cerca de 30 longos anos.

110 ANOS DE PROGRESSO: SÍNTESE

A Tabela 4 sintetiza, para o período 1900-2010, o balanço econômico-social empreendido até aqui, conferindo destaque ao IDH-1 e seus componentes.

Note-se a evolução demográfica, comandada na primeira metade do século passado mais pela imigração e na segunda, mais pela queda da mortalidade — com o acentuado declínio vislumbrado na primeira década deste século, influenciado sobretudo pela queda abrupta na natalidade visível desde os anos 1980.

---

[23]Veja-se UNPD 2002, p. 149-52.

TABELA 3
BRASIL: A ESCALA DO DESENVOLVIMENTO HUMANO: COMPARAÇÕES INTERNACIONAIS

Anos selecionados	IDH-1		
	Brasil	Nível	Outros países (2000)
...		...	Serra Leoa (2,42)
1900	2,59		
1914	2,90		
1915	2,90	MUITO BAIXO	
1916	2,91		
1927	3,42		Etiópia (3,41)
1928	3,50		Moçambique (3,45)
1938	3,95		
1939	3,99		
1941	4,06		
1945	4,24		
1946	4,33	BAIXO	
1947	4,36		
1951	4,64		Congo (4,64)
1952	4,73		
1953	4,82		Nigéria (4,83)
1954	4,91		
1955	5,02		Paquistão (5,03)
1956	5,09		
1961	5,56		
1962	5,60	MÉDIO-BAIXO	
1963	5,61		
1967	5,72		
1968	5,78		Índia (5,79)
1969	5,83		
1974	6,36		
1975	6,44		
1976	6,55		
1984	7,04		Indonésia (7,09)
1985	7,12		
1986	7,19		
1987	7,25	MÉDIO-ALTO	
1988	7,28		
1996	7,66		
1997	7,70		Paraguai (7,72)
1998	7,74		
2003	7,93		
2004	8,04		
2005	8,13		
2006	8,17	ALTO	
2007	8,23		México (8,2)
2008	8,27		
2009	8,30		
2010	8,37		

FONTES: Anexo II e Pnud 2000.

Tabela 4

BRASIL: POPULAÇÃO, PIB, PIB PER CAPITA, IDH-1 E COMPONENTES, 1900-2010

Discriminação	Anos				Crescimento médio anual (%)				
	1900	1950	2000	2010	1900-2010	1900-2000	1900-1950	1950-2000	2000-2010
População (milhões)	17,4	51,9	171,3	190,7	2,20	2,31	2,21	2,41	1,08
PIB (PPC$ bilhões de 2009)	12,3	119,9	1.521,4	2.161,5	4,81	4,93	4,65	5,21	3,57
PIB per capita (PPC$ de 2009)	708	2.308	8.883	11.333	2,55	2,56	2,39	2,73	2,47
IDH-1	2,59	4,55	7,82	8,37	1,07	1,11	1,14	1,09	0,68
Componentes:									
Saúde[a]	1,03	3,48	7,26	8,17	1,90	1,98	2,48	1,48	1,19
Educação[b]	3,47	4,94	8,71	9,04	0,87	0,92	0,71	1,14	0,38
Rendimento[c]	3,27	5,24	7,49	7,90	0,81	0,83	0,95	0,72	0,53

FONTES: Anexos I e II
NOTAS: a) Esperança de vida ao nascer; b) Taxa de alfabetização; c) PIB per capita (log.)

Constate-se o vigor do crescimento no século XX como um todo, mais robusto em sua segunda metade, a despeito da anemia instalada na economia nos anos 1980 e 1990.

E veja-se o reflexo desses desempenhos sobre o IDH-1 e seus componentes saúde e rendimento (sobretudo na primeira metade do século passado), e educação (mormente na segunda metade) — além da performance modesta tanto do IDH-1 como de seus componentes na última década (2000-2010).[24]

Reconhecendo-se, porém, que foram próximos os desempenhos econômico-sociais das duas metades do século, quando consideradas globalmente, mesmo que as dinâmicas econômica e social tenham se revelado diversas e reflitam, quando desagregadas no tempo, fenômenos e situações peculiares.

---

[24]As taxas de crescimento de dois dos componentes do IDH-1, educação e rendimento, apresentadas na Tabela 4, diferem significativamente das obtidas para a esperança de vida ao nascer e o PIB per capita, que são os indicadores que os representam (Tabela 2). Isso se deve à metodologia adotada pelo Pnud para o cálculo do IDH, em particular ao método de normalização, que releva a contribuição do primeiro desses componentes e abafa a do segundo (Cf. UNDP, 2002). Adotar metodologia diversa seria inviabilizar as comparações internacionais apresentadas neste livro.

ANEXO I

BRASIL: PIB, POPULAÇÃO E PIB PER CAPITA, 1900-2010

Anos	PIB (PPC$ milhões de 2009)	População (Mil)	PIB per capita (PPC$ de 2009)
1900	12.339	17.438	708
1901	14.111	17.938	787
1902	14.043	18.478	760
1903	14.316	19.054	751
1904	14.520	19.663	738
1905	14.998	20.299	739
1906	16.906	20.961	807
1907	17.043	21.643	787
1908	16.497	22.342	738
1909	18.202	23.054	790
1910	18.679	23.775	786
1911	19.770	24.501	807
1912	21.133	25.229	838
1913	21.747	25.954	838
1914	21.474	26.673	805
1915	21.542	27.382	787
1916	21.747	28.076	775
1917	23.792	28.753	827
1918	23.315	29.407	793
1919	25.155	30.036	837
1920	28.291	30.636	923
1921	28.829	31.203	924
1922	31.077	31.741	979
1923	33.750	32.254	1.046
1924	34.222	32.746	1.045
1925	34.222	33.222	1.030
1926	36.002	33.685	1.069
1927	39.890	34.140	1.168
1928	44.477	34.591	1.286
1929	44.967	35.043	1.283
1930	44.022	35.499	1.240
1931	42.570	35.963	1.184
1932	44.400	36.441	1.218
1933	48.352	36.936	1.309
1934	52.800	37.452	1.410
1935	54.384	37.994	1.431
1936	60.965	38.566	1.581

(cont.)

Anos	PIB (PPC$ milhões de 2009)	População (Mil)	PIB per capita (PPC$ de 2009)
1937	63.769	39.172	1.628
1938	66.639	39.816	1.674
1939	68.305	40.503	1.686
1940	67.621	41.236	1.640
1941	70.935	42.021	1.688
1942	69.020	42.859	1.610
1943	74.886	43.756	1.711
1944	80.578	44.714	1.802
1945	83.156	45.737	1.818
1946	92.802	46.828	1.982
1947	95.030	47.991	1.980
1948	104.247	49.229	2.118
1949	112.275	50.545	2.221
1950	119.909	51.944	2.308
1951	125.785	53.428	2.354
1952	134.967	54.994	2.454
1953	141.310	56.638	2.495
1954	152.333	58.358	2.610
1955	165.738	60.150	2.755
1956	170.544	62.011	2.750
1957	183.676	63.936	2.873
1958	203.513	65.924	3.087
1959	223.458	67.970	3.288
1960	244.463	70.070	3.489
1961	265.486	72.223	3.676
1962	283.009	74.421	3.803
1963	284.707	76.663	3.714
1964	294.387	78.941	3.729
1965	301.452	81.253	3.710
1966	321.649	83.592	3.848
1967	335.158	85.955	3.899
1968	368.004	88.337	4.166
1969	402.964	90.733	4.441
1970	444.873	93.139	4.776
1971	495.334	95.551	5.184
1972	554.479	97.975	5.659
1973	631.933	100.417	6.293
1974	683.460	102.883	6.643
1975	718.772	105.380	6.821
1976	792.497	107.915	7.344
1977	831.602	110.494	7.526

(cont.)

Anos	PIB (PPC$ milhões de 2009)	População (Mil)	PIB per capita (PPC$ de 2009)
1978	872.931	113.124	7.717
1979	931.938	115.811	8.047
1980	1.017.676	118.563	8.583
1981	974.425	121.381	8.028
1982	982.513	124.251	7.907
1983	953.725	127.140	7.501
1984	1.005.226	130.083	7.728
1985	1.084.136	132.999	8.151
1986	1.165.338	135.814	8.580
1987	1.206.475	138.586	8.706
1988	1.205.751	141.313	8.532
1989	1.243.852	143.997	8.638
1990	1.189.745	146.593	8.116
1991	1.202.017	149.094	8.062
1992	1.196.404	151.547	7.895
1993	1.252.218	153.986	8.132
1994	1.319.016	156.431	8.432
1995	1.377.275	158.875	8.669
1996	1.406.893	161.323	8.721
1997	1.454.380	163.780	8.880
1998	1.454.894	166.252	8.751
1999	1.458.591	168.754	8.643
2000	1.521.400	171.280	8.883
2001	1.541.378	173.225	8.898
2002	1.582.350	175.170	9.033
2003	1.600.493	177.116	9.036
2004	1.691.918	179.061	9.449
2005	1.745.377	181.006	9.643
2006	1.814.442	182.952	9.918
2007	1.924.967	184.897	10.411
2008	2.023.834	186.842	10.832
2009	2.020.079	188.787	10.700
2010	2.161.485	190.733	11.333

FONTES: IBGE, Ipeadata, Banco Mundial.

Anexo II
BRASIL: ESPERANÇA DE VIDA, ALFABETIZAÇÃO E IDH-1, 1900-2010

Anos	Esperança de vida ao nascer (anos)	Taxa de alfabetização (%)	IDH-1*
1900	31,2	34,7	2,59
1901	31,4	34,8	2,66
1902	31,7	34,8	2,66
1903	32,0	34,8	2,67
1904	32,3	34,8	2,68
1905	32,6	34,8	2,69
1906	32,9	34,8	2,76
1907	33,1	34,9	2,76
1908	33,4	34,9	2,74
1909	33,7	34,9	2,80
1910	34,0	34,9	2,81
1911	34,3	34,9	2,84
1912	34,6	34,9	2,88
1913	34,9	34,9	2,90
1914	35,3	35,0	2,90
1915	35,6	35,0	2,90
1916	35,9	35,0	2,91
1917	36,2	35,0	2,96
1918	36,5	35,0	2,96
1919	36,8	35,0	3,01
1920	37,1	35,1	3,08
1921	37,4	35,5	3,11
1922	37,7	35,9	3,17
1923	38,0	36,3	3,24
1924	38,3	36,8	3,27
1925	38,5	37,2	3,29
1926	38,8	37,6	3,34
1927	39,1	38,1	3,42
1928	39,4	38,5	3,50
1929	39,7	38,9	3,53
1930	39,9	39,4	3,54
1931	40,2	39,8	3,55
1932	40,5	40,3	3,59
1933	40,8	40,7	3,67
1934	41,1	41,2	3,74
1935	41,3	41,6	3,78

(cont.)

Anos	Esperança de vida ao nascer (anos)	Taxa de alfabetização (%)	IDH-1*
1936	41,6	42,1	3,86
1937	41,9	42,5	3,91
1938	42,2	43,0	3,95
1939	42,5	43,4	3,99
1940	42,7	43,9	4,00
1941	43,1	44,4	4,06
1942	43,4	45,0	4,07
1943	43,7	45,5	4,14
1944	44,0	46,1	4,20
1945	44,3	46,6	4,24
1946	44,6	47,2	4,33
1947	45,0	47,7	4,36
1948	45,3	48,3	4,43
1949	45,6	48,9	4,50
1950	45,9	49,4	4,55
1951	46,5	50,5	4,64
1952	47,2	51,6	4,73
1953	47,8	52,7	4,82
1954	48,5	53,8	4,91
1955	49,1	54,9	5,02
1956	49,8	56,0	5,09
1957	50,4	57,1	5,18
1958	51,1	58,2	5,30
1959	51,7	59,2	5,40
1960	52,4	60,3	5,51
1961	52,4	60,9	5,56
1962	52,4	61,5	5,60
1963	52,5	62,1	5,61
1964	52,5	62,7	5,63
1965	52,5	63,3	5,65
1966	52,6	63,9	5,69
1967	52,6	64,5	5,72
1968	52,6	65,1	5,78
1969	52,6	65,7	5,83
1970	52,7	66,2	5,90
1971	53,4	67,1	6,01
1972	54,2	68,0	6,13
1973	54,9	68,9	6,26
1974	55,6	69,7	6,36
1975	56,4	70,6	6,44
1976	57,1	71,4	6,55

(cont.)

Anos	Esperança de vida ao nascer (anos)	Taxa de alfabetização (%)	IDH-1*
1977	57,9	72,2	6,64
1978	58,6	73,0	6,72
1979	59,3	73,8	6,81
1980	60,1	74,5	6,91
1981	60,6	75,1	6,92
1982	61,2	75,6	6,96
1983	61,7	76,1	6,98
1984	62,2	76,6	7,04
1985	62,8	77,1	7,12
1986	63,3	77,6	7,19
1987	63,9	78,1	7,25
1988	64,4	78,6	7,28
1989	65,0	79,0	7,33
1990	65,5	79,5	7,35
1991	66,1	79,9	7,39
1992	66,3	80,8	7,42
1993	66,6	81,7	7,48
1994	66,9	82,6	7,55
1995	67,2	83,4	7,61
1996	67,5	84,2	7,66
1997	67,8	85,0	7,70
1998	68,1	85,7	7,74
1999	68,4	86,4	7,77
2000	68,6	87,1	7,82
2001	68,8	87,7	7,85
2002	69,1	88,3	7,90
2003	69,4	88,9	7,93
2004	70,6	89,1	8,04
2005	71,9	89,3	8,13
2006	72,4	89,6	8,17
2007	72,7	89,8	8,23
2008	73,0	90,0	8,27
2009	73,5	90,2	8,30
2010	74,0	90,4	8,37

*Para o cálculo do IDH-1, ver o Apêndice Metodológico.
FONTES: IBGE, Ipea.

SEGUNDA PARTE

SETE DÉCADAS DE DESENVOLVIMENTO: O BRASIL, AS REGIÕES E OS ESTADOS

Como evoluíram no Brasil, ao longo do período 1940-2010, as economias subnacionais e as desigualdades inter-regionais e interestaduais de desenvolvimento? O que nos dizem, sobre a questão social do país nessas sete décadas, os indicadores disponíveis?

São essas, dentre outras, as indagações que se intentará esclarecer ao longo das páginas desta segunda parte.

DINÂMICAS ESPACIALMENTE DIFERENCIADAS

A trajetória secular de crescimento do Brasil, analisada anteriormente para o país como um todo, se distribuiu de modo significativamente desigual, segundo os diversos espaços subnacionais considerados, ao longo da segunda metade do século XX e primeira década deste século.

Seria deveras surpreendente se ela tivesse se espraiado uniformemente e com a mesma intensidade por todo um território de dimensões continentais.

Como fatores de convergência do ritmo do crescimento, há de levar-se em conta ter estado o país submetido a um só arcabouço institucional e ao mesmo invólucro macroeconômico; e que ocorreu nesse período crescente de integração do mercado interno.

Como fatores de dispersão, cabe relevar a variada base de recursos naturais e as diversificadas vocações econômicas decorrentes; os diversos níveis de desenvolvimento e suas implicações na dotação das infraestruturas, na qualidade dos recursos humanos, no formato dos perfis produtivos; os diferenciados estímulos de mercado associados aos portes e estruturas variados da oferta e demanda por bens e serviços e aos diversos climas de negócios; e os distintos graus de liberdade das agências regionais e dos governos estaduais e municipais na promoção dos investimentos.

A Tabela 5 apresenta as taxas médias anuais de crescimento do PIB, população e PIB per capita relativas ao período 1940-2010, por subperíodos, para o Brasil, as regiões e os estados.

Entre 1940 e 2010, a expansão econômica da região Centro-Oeste, medida pelo PIB, foi 42% superior à brasileira; a do Norte, 15%; e a do Sul, 2%. O Sudeste, a região econômica primaz, e o Nordeste, a menos desenvolvida, cresceram abaixo do país: 93% e 97%, respectivamente, dos 5,1% médios anuais verificados para o Brasil. Medida pelo coeficiente de variação, a dispersão inter-regional de ritmos econômicos nesse período foi significativa, com V de 18,3%. Dessas trajetórias diferenciadas, como poderá ser visto mais adiante, resultou no período alguma atenuação das desigualdades regionais.

Note-se que o Sudeste, com crescimento anual de 7% em 1940-1980, acompanhou o expressivo desempenho alcançado pelo Brasil nesse período, mas cresceu menos que o país tanto nas duas décadas de chumbo para a economia (1980-2000) quanto na tímida recuperação da década passada (2000-2010). Já o Nordeste não foi capaz de acelerar sua economia de modo a acompanhar a brasileira em 1940-1980, crescendo a 6,1% anuais, porém avançou mais em 1980-2000 (2,5% anuais, Brasil 2%) e no mesmo nível (3,6%) do país em 2000-2010 (ver o Gráfico 6).

TABELA 5
BRASIL, REGIÕES E ESTADOS: CRESCIMENTO MÉDIO ANUAL (%) DO PIB, POPULAÇÃO E PIB PER CAPITA, 1940-2010

Discriminação	PIB				População				PIB per capita			
	1940-2010	1940-1980	1980-2000	2000-2010	1940-2010	1940-1980	1980-2000	2000-2010	1940-2010	1940-1980	1980-2000	2000-2010
BRASIL	5,07	7,01	2,03	3,57	2,21	2,68	1,86	1,08	2,80	4,22	0,17	2,47
Norte	5,85	7,27	3,66	4,66	3,32	3,59	3,46	2,00	2,44	3,55	0,19	2,60
Nordeste	4,71	6,12	2,49	3,59	1,88	2,22	1,65	0,98	2,78	3,82	0,82	2,59
Sudeste	4,90	6,99	1,65	3,25	2,13	2,62	1,76	0,96	2,71	4,26	-0,11	2,27
Sul	5,17	7,25	2,21	2,96	2,26	3,03	1,46	0,78	2,84	4,09	0,74	2,16
Centro-Oeste	7,22	9,39	3,35	6,52	3,69	4,37	3,29	1,82	3,41	4,82	0,05	4,62
Rondônia	8,41	10,85	5,34	5,08	6,16	7,86	5,37	1,15	2,12	2,77	-0,02	3,88
Acre	5,90	6,75	3,50	7,39	3,22	3,37	3,19	2,68	2,60	3,27	0,30	4,58
Amazonas	5,59	7,06	4,26	2,50	3,13	3,21	3,50	2,07	2,39	3,72	0,73	0,43
Roraima	7,48	7,62	6,71	8,49	5,34	4,86	7,37	3,26	2,03	2,63	-0,62	5,06
Pará	5,39	6,99	2,55	4,79	3,05	3,31	3,10	1,96	2,26	3,57	-0,53	2,77
Amapá	7,43	8,48	6,13	5,90	5,04	5,38	5,20	3,34	2,28	2,94	0,89	2,47
Tocantins	7,08	8,22	3,11	10,67	3,26	4,12	2,33	1,71	3,70	3,94	0,76	8,81
Maranhão	5,10	5,97	1,98	7,99	2,42	2,97	1,81	1,43	2,62	2,92	0,17	6,47
Piauí	4,40	4,80	3,34	4,96	1,93	2,42	1,50	0,84	2,43	2,32	1,82	4,09
Ceará	4,99	6,20	3,08	4,08	2,01	2,34	1,78	1,20	2,92	3,77	1,28	2,84
Rio G. do Norte	5,16	6,41	3,50	3,53	2,04	2,28	1,98	1,24	3,05	4,04	1,49	2,26
Paraíba	4,40	5,12	3,31	3,68	1,40	1,67	1,16	0,81	2,95	3,40	2,13	2,85
Pernambuco	4,12	5,54	2,26	2,24	1,71	2,08	1,34	0,97	2,37	3,39	0,91	1,26
Alagoas	4,56	6,18	1,84	3,65	1,71	1,84	1,85	0,92	2,80	4,26	0,00	2,70
Sergipe	5,10	5,72	3,70	5,48	1,93	1,87	2,33	1,40	3,11	3,78	1,34	4,02
Bahia	4,92	6,94	2,08	2,67	1,84	2,22	1,70	0,62	3,02	4,62	0,38	2,04
Minas Gerais	4,93	6,79	2,15	3,22	1,53	1,70	1,53	0,96	3,35	5,00	0,61	2,38
Espírito Santo	6,04	7,53	3,51	5,29	2,19	2,43	2,21	1,18	3,77	4,98	1,26	4,07
Rio de Janeiro	4,20	5,97	1,56	2,53	2,15	2,88	1,28	0,97	2,01	3,00	0,27	1,55
São Paulo	5,17	7,53	1,45	3,39	2,53	3,16	2,04	1,00	2,57	4,23	-0,57	2,37
Paraná	6,12	8,81	2,23	3,44	3,09	4,65	1,20	0,79	2,94	3,98	0,18	2,63
Santa Catarina	5,95	8,01	2,84	4,13	2,41	2,84	2,03	1,47	3,45	5,02	1,72	2,63
Rio G. do Sul	4,40	6,31	1,90	1,92	1,68	2,14	1,42	0,40	2,67	4,08	1,07	1,51
Mato G. do Sul	5,93	8,53	1,96	3,73	3,40	4,48	2,17	1,57	2,45	3,88	-0,20	2,13
Mato Grosso	6,87	7,35	5,67	7,38	3,99	4,48	4,10	1,85	2,77	2,74	1,51	5,43
Goiás	6,33	8,22	2,81	6,01	3,16	3,87	2,45	1,75	3,08	4,19	0,35	4,19
Distrito Federal	...	...	3,56	7,45	...	...	6,99	2,16	...	...	-3,20	5,17

FONTE: Anexo III.

Gráfico 6
REGIÕES DO BRASIL: CRESCIMENTO DO PIB, 1940-2010

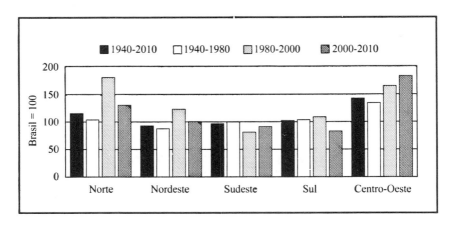

É interessante observar, ainda para as regiões, que *V* revelou-se menor nos períodos de maior crescimento: 16,3% em 1940-1980, quando o PIB brasileiro cresceu 7% ao ano; e 30,9% e 34,5% em 1980-2000 e 2000-2010, quando o país cresceu a 2% e 3,6%, respectivamente.

Houve assim, entre as regiões, significativas mudanças na distribuição da produção. No período 1940-2010 como um todo, foram o Sudeste e o Nordeste que perderam terreno: a participação dessa primeira região no PIB brasileiro despencou de 62,6% em 1940 para 56,0% em 2010, uma perda de 6,6 pontos percentuais; e a do Nordeste caiu de 16,7% para 13,1% no mesmo período, com perda de 3,6 pontos. O Centro-Oeste ganhou 7,0 pontos (avançando de 2,2% para 9,2%), seguindo-se o Norte, com ganho de 2,1 pontos (passou de 3,0% para 5,1%) e o Sul, que avançou 1,1 ponto percentual (passando de 15,5% para 16,6% do PIB do país).

Duas regiões tiveram expansão demográfica superior à brasileira em 1940-2010: o Centro-Oeste, com crescimento populacional de 3,7% (Brasil: 2,2%) e o Norte, com 3,3%, resultado em grande medida decorrente de migrações. Nesse período, o aumento da população no Nordeste e Sudeste foi inferior ao brasileiro, equivalendo 85% e 96% dele, respectivamente, com o do Sul situando-se 2% acima do país. O coeficiente de variação foi elevado no período, com *V* alcançando 30,1%.

A evolução do PIB per capita das regiões brasileiras reflete conjuntamente tanto o crescimento da economia quanto a expansão demográfica.

Em 1940-2010, para avanço médio anual dessa variável de 2,8% para o Brasil, o Centro-Oeste cresceu a 3,4%, o Sul e o Nordeste, a 2,8%, o Sudeste, a 2,7% e o Norte a 2,4%. Foi, portanto, relativamente baixo o coeficiente de variação (V igual a 12,4%), embora ele tenha se exacerbado nos negros anos 1980 e 1990 (para 123,0%) e persistido ainda elevado (35,4%) na década passada (ver Gráfico 7).

GRÁFICO 7
REGIÕES DO BRASIL: CRESCIMENTO ANUAL (%) DO PIB PER CAPITA POR PERÍODO, 1940-2010

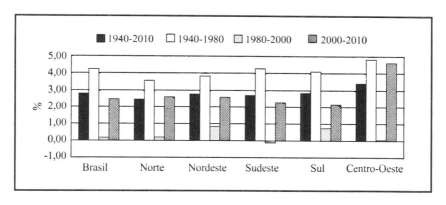

É compreensível que os fatores de dispersão e diferenciação do crescimento sejam ainda mais relevantes no caso dos estados. É o que revela, nos períodos em exame, a segunda parte da Tabela 5 tanto para o PIB quanto para a população e o PIB per capita.

Com efeito, o coeficiente de variação, V, entre os estados para o crescimento médio anual do PIB no período 1940-2010, tendo sido de 20,1%, foi de 18,8% no período 1940-1980, de elevado crescimento. Mas disparou para 43,6% em 1980-2000, fase de baixa e lábil expansão econômica, continuando a elevar-se, em 2000-2010, para 44,9%. No primeiro período, o espectro de variação vai de 8,4% de crescimento anual do PIB, caso de Rondônia, para 4,1%, caso de Pernambuco; no segundo período, de 10,9% em Rondônia para 4,8% no Piauí; no terceiro período, de 6,7% em Roraima para 1,5% em São Paulo, onde se concentrou a crise de crescimento; e no último período, de 10,7% no Tocantins para 1,9% no Rio Grande do Sul.

Dessas discrepâncias de crescimento também resulta clara tendência, entre os estados, para redistribuição espacial das forças produtivas (Tabela 6).

TABELA 6

BRASIL: PARTICIPAÇÃO DOS ESTADOS NO PIB, 1940 E 2010

Estados	Participação (%)		Diferença
	1940	2010	(%)
Rondônia	0,07	0,59	0,52
Acre	0,13	0,22	0,09
Amazonas	1,09	1,54	0,45
Roraima	0,03	0,16	0,13
Pará	1,56	1,93	0,37
Amapá	0,05	0,22	0,18
Tocantins	0,11	0,43	0,32
Maranhão	1,24	1,27	0,03
Piauí	0,86	0,55	-0,31
Ceará	2,08	1,98	-0,10
Rio G. do Norte	0,79	0,84	0,05
Paraíba	1,33	0,85	-0,48
Pernambuco	4,39	2,32	-2,06
Alagoas	0,90	0,64	-0,26
Sergipe	0,63	0,64	0,01
Bahia	4,43	4,01	-0,42
Minas Gerais	10,21	9,32	-0,89
Espírito Santo	1,21	2,30	1,10
Rio de Janeiro	20,24	11,32	-8,92
São Paulo	30,95	33,08	2,13
Paraná	2,94	5,91	2,97
Santa Catarina	2,26	4,07	1,80
Rio G. do Sul	10,28	6,58	-3,70
Mato G. do Sul	0,62	1,09	0,48
Mato Grosso	0,53	1,75	1,22
Goiás	1,07	2,48	1,41
Distrito Federal	0,00	3,88	3,88

FONTE: Anexo III-A.

Entre 1940 e 2010, elevaram sua participação no PIB brasileiro: Distrito Federal, com aumento de 3,9%; Paraná, que avançou de 2,9% para 5,9%;

São Paulo, de 31,0% para 33,1%; Santa Catarina, de 2,3% para 4,1%; Goiás, de 1,1% para 2,5%; Mato Grosso, de 0,5% para 1,8%; Espírito Santo, de 1,2% para 2,3%; Rondônia, de 0,1 para 0,6%; Mato Grosso do Sul, de 0,6% para 1,1%; Amazonas, de 1,1% para 1,5%; Tocantins, de 0,1% para 0,4%; Amapá, de 0,1% para 0,2%; Roraima, de 0,0% para 0,2%; Maranhão, de 1,2% para 1,3%; e Acre, de 0,1% para 0,2%.

Perderam terreno o Rio de Janeiro, com queda de 20,2% para 11,3%, o Rio Grande do Sul, de 10,3% para 6,6%; Pernambuco, de 4,4% para 2,3%; Minas Gerais, de 10,2% para 9,3%; Bahia, de 4,4% para 4,0%; Paraíba, de 1,3% para 0,9%; Piauí, de 0,9% para 0,6%; Alagoas, de 0,9% para 0,6%; e Ceará, de 2,1% para 2,0% (o Rio Grande do Norte manteve a mesma participação: 0,8%).

O Gráfico 8 apresenta a evolução dessas participações.

GRÁFICO 8
BRASIL: PARTICIPAÇÃO (%) DOS ESTADOS NO PIB

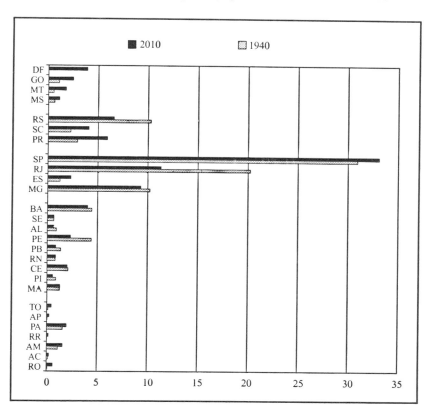

São grandes as discrepâncias interestaduais de expansão demográfica no período 1940-2010, em boa parte explicadas pelas migrações internas.

Elas se originaram em particular nos estados da Paraíba, Pernambuco, Alagoas, Piauí, Sergipe, Ceará e Rio Grande do Norte, cujas taxas de crescimento populacional variaram de 1,4% a 2,0% anuais, inferiores à brasileira (2,2% ao ano). E se dirigiram, nos anos 1940-1970, principalmente para o Distrito Federal, São Paulo, Paraná e Rio de Janeiro, com crescimentos demográficos em geral superiores ao nacional nesse período.

Em anos mais recentes, os deslocamentos demográficos partiram sobretudo dos estados do Sul e Centro-Oeste para os do Norte, explicando as elevadas expansões demográficas de Rondônia (6,2% ao ano em 1940-2010), Roraima (5,3%), Tocantins (3,3%), Acre (3,2%), Amazonas (3,1%) e Pará (3,1%).[25]

Onze estados tiveram crescimento do PIB per capita superior ao brasileiro (2,8%, em 1940-2010): Espírito Santo (3,8%), Tocantins (3,7%), Santa Catarina (3,5%), Minas Gerais (3,4%), Sergipe (3,1%), Goiás (3,1%), Rio Grande do Norte (3,1%), Bahia (3,0%), Paraíba (3,0%), Paraná (2,9%) e Ceará (2,9%). Esses desempenhos devem-se, em graus variados, seja ao crescimento econômico mais elevado, seja à queda da expansão populacional.

DESENVOLVIMENTO HUMANO: CONVERGÊNCIA

Foi no contexto dessas trajetórias diversas de crescimento que ocorreu durante a segunda metade do século XX significativa convergência de indicadores sociais de desempenho entre as regiões e os estados, fenômeno que se verificou tanto no período de crescimento médio anual acelerado (1940-1980) quanto, embora em menor amplitude, nas fases

---

[25]O forte crescimento demográfico do Amapá no período 1940-2010 (5% anuais) se deve a migrações provenientes em boa parte do Pará.

subsequentes, de anemia e labilidade econômicas (1980-2000) ou tímida retomada da expansão produtiva (2000-2010).

Um indicador sintético, da crescente família dos IDHs, doravante chamado IDH-2, proporciona a constatação dessa tendência pesada. Semelhante ao IDH-1, ele foi estimado, para as regiões e os estados brasileiros, no período 1940-2010.

O IDH-2 é calculado para uma base de dados de amplitude muito maior que o IDH-1, e integrado pelos mesmos três componentes: a esperança de vida ao nascer, a taxa de alfabetização e o PIB per capita.

A Tabela 7 apresenta as notas do IDH-2 para 2010 em ordem decrescente e estima as taxas de crescimento para os períodos 1940-2010 (crescimento de 1,1% ao ano para o Brasil), 1940-1980 (1,2% para o país), 1980-2000 (1,0%) e 2000-2010 (0,7%).

O Distrito Federal exibe a melhor nota: 9,26, considerada alta. O Brasil, o Sudeste, o Sul e o Centro-Oeste, além de 13 estados, alcançam o nível médio-alto de desenvolvimento humano (notas entre 8,79 e 8,09). O Norte, o Nordeste e seus nove estados, além do Tocantins, Pará, Acre e Roraima, têm notas médias (entre 7,99 e 6,98).[26]

No período 1940-2010, os IDHs-2 das regiões Nordeste e Centro-Oeste cresceram a 1,4% e 1,2%, respectivamente, mais que o do país; os do Sudeste (0,9%) e Sul (0,8% anuais) cresceram menos; e o IDH-2 do Norte (1,1%) evoluiu no mesmo ritmo do brasileiro.

Nesse período, foram expressivos os crescimentos do IDH-2 no caso da Paraíba (1,6%), Sergipe, Alagoas e Rio Grande do Norte (1,5%) e Maranhão, Pernambuco e Bahia (1,4%). Menos expressivos foram os desempenhos do Rio de Janeiro e Rio Grande do Sul (0,7%) e de São Paulo, Santa Catarina e Mato Grosso (0,9%).

Note-se a esse propósito a correlação inversa observada entre os IDH das regiões e estados (relativos a 2010) e o crescimento obtido no período 1940-2010, evidenciada por R de-0,826 e R^2 0,682.

---

[26]Para o cálculo do IDH-2, ver o Apêndice Metodológico ao final deste livro. Os resultados obtidos para o IDH-2 e seus componentes constam do Anexo IV. No caso do IDH-2, consideram-se notas altas as iguais ou superiores a 9,00, médio-altas as iguais ou superiores a 8,00 e inferiores a 9,00; médias, as iguais ou superiores a 5,00 e menores que 8,00; e baixas as menores que 5,00.

TABELA 7
BRASIL, REGIÕES E ESTADOS: IDH-2, 1940-2010

Discriminação	IDH-2, 2010	Crescimento anual do IDH-2 (%)			
	Notas	1940-2010	1940-1980	1980-2000	2000-2010
Distrito Federal	9,26	...	...	0,5	0,8
São Paulo	8,79	0,9	1,1	0,5	0,5
Santa Catarina	8,76	0,9	1,0	0,7	0,5
Rio Grande do Sul	8,69	0,7	0,9	0,5	0,4
Sudeste	8,68	0,9	1,2	0,7	0,6
Rio de Janeiro	8,67	0,7	0,8	0,5	0,6
Sul	8,65	0,8	0,9	0,7	0,5
Centro-Oeste	8,57	1,2	1,4	1,0	0,8
Paraná	8,55	1,0	1,1	0,9	0,6
Espírito Santo	8,52	1,1	1,2	1,0	0,6
Mato Grosso	8,42	0,9	0,9	1,1	0,8
Minas Gerais	8,39	1,2	1,4	1,0	0,6
BRASIL	8,37	1,1	1,2	1,0	0,7
Mato Grosso do Sul	8,36	1,1	1,3	1,0	0,6
Goiás	8,25	1,3	1,5	1,2	0,7
Amazonas	8,23	1,0	1,2	1,0	0,6
Amapá	8,14	1,0	1,0	1,2	0,7
Rondônia	8,09	1,0	1,0	1,2	0,7
Roraima	7,99	1,0	1,1	1,0	0,7
Norte	7,97	1,1	1,2	1,0	0,7
Acre	7,82	1,2	1,0	1,6	1,1
Pará	7,81	1,1	1,2	0,9	0,7
Tocantins	7,81	1,3	1,3	1,6	1,1
Sergipe	7,73	1,5	1,4	1,8	1,0
Bahia	7,72	1,4	1,5	1,6	0,8
Rio Grande do Norte	7,54	1,5	1,3	2,3	0,9
Pernambuco	7,46	1,4	1,3	1,8	0,9
Ceará	7,46	1,3	1,0	2,2	1,0
Nordeste	7,45	1,4	1,3	1,8	0,9
Paraíba	7,22	1,6	1,4	2,3	1,0
Maranhão	7,20	1,4	1,2	1,7	1,3
Piauí	7,06	1,3	1,2	1,7	1,0
Alagoas	6,98	1,5	1,4	2,0	1,0

FONTE: Anexo IV.

As dimensões do IDH-2

Em 1940, a esperança média de vida do Rio Grande do Norte, de 34 anos, era 18 anos menor que a do Rio Grande de Sul, de 52 anos. A distância dos indicadores desses estados em relação ao do país (43 anos) era de nove anos: para menos no primeiro caso; para mais, no segundo. Setenta anos depois, em 2010, esse mesmo indicador para o Rio Grande do Norte mais do que duplicou, indo para 72 anos, sendo apenas quatro anos menor que o do Rio Grande do Sul, que evoluiu para 76 anos. Tanto um quanto o outro indicador aproximaram-se da média brasileira de 2010 (74 anos), o primeiro sendo-lhe quatro anos inferior e o segundo, dois anos superior. Pode-se, portanto, dizer que houve convergência entre as expectativas médias de vida dos dois estados e entre elas e a brasileira.

O mesmo fenômeno quase sempre ocorreu, ao longo do período 1940-2010, para os demais estados e as cinco grandes regiões brasileiras: resultando em nítida melhoria das condições sanitárias e nutricionais da população, expressas em crescente longevidade. Longevidade esta fortemente associada à queda da mortalidade, em particular a infantil.[27]

Tanto assim foi que os coeficientes de variação, V, do indicador esperança de vida ao nascer, de 11,0% e 23,1% em 1940, respectivamente para as regiões e os estados, caiu para 2,8% e 3,2% em 2010, embora o V dos estados tenha crescido significativamente na década de 1950, que foi de elevada expansão demográfica e gerou importantes migrações interestaduais. Houve, pois, expressiva convergência inter-regional e interestadual das expectativas médias de vida, conforme ilustram os traçados declinantes representados no Gráfico 9.

Comportamento semelhante revelam as duas variáveis que dão conta, no IDH-2, da dimensão educacional.

Em 1940, a maior taxa estadual de alfabetização da população de 15 anos e mais, a do Rio de Janeiro, de 65%, superava em 43 pontos percentuais a menor delas, de Alagoas, que foi de 22%.

Em 2010, a taxa mais alta, a do Distrito Federal (96%), ultrapassava em 21 pontos a mais baixa, ainda a de Alagoas (75%).

---

[27]Estudo de 1991, deste autor e de Renato Villela, examinou esse e outros processos de convergência social para as décadas de 1970 e 1980. Cf. Albuquerque & Villela.

Os coeficientes de variação, V, em 1940-2010, para as taxas de alfabetização das regiões declinaram de 28,4% em 1940 para 5,4% em 2010; os dos estados, de 37,1% para 7,3%. Eles atestam que os exemplos acima não são excepcionais, representando na verdade tendência generalizada de redução das disparidades espaciais quando medidas por esse indicador.

O Gráfico 10 retrata as trajetórias declinantes do V para as regiões e os estados, bem como as tendências lineares resultantes.

GRÁFICO 9
ESPERANÇA DE VIDA: COEFICIENTES DE VARIAÇÃO (%),
1940-2010

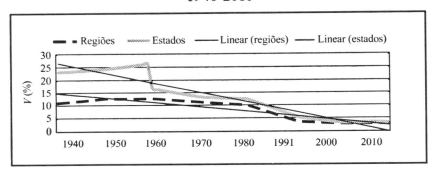

GRÁFICO 10
TAXA DE ALFABETIZAÇÃO: COEFICIENTES DE VARIAÇÃO,
1940-2010

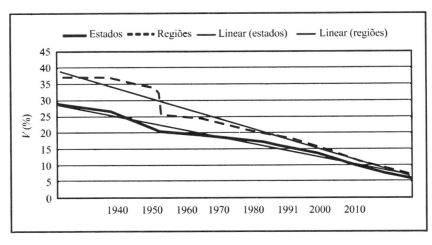

Foi nula ou quase nula, entre 1940 e 2010, a convergência do indicador que expressa a última das três dimensões do IDH-2, o PIB per capita. Entre os estados, o menor deles em 1940, o do Piauí (PPC$ 716), equivalia a 19% do maior, o do Rio de Janeiro (PPC$ 3.807). Em 2010, o PIB per capita mais baixo, ainda o do Piauí (PPC$ 3.801), correspondia apenas a 12% do mais alto deles, o do Distrito Federal (PPC$ 32.706).[28] Entre as regiões, os menores PIBs per capita, os do Nordeste (PPC$ 784 e PPC$ 5.339 em 1940 e 2010) representavam, respectivamente, 34% e 35% dos do Sudeste (PPC$ 2.319 e 15.071), os maiores nesses dois anos.

Quando considerado o total dos estados, houve alguma convergência de PIBs per capita no período em exame, com V reduzindo-se de 57,2% em 1940 para 44,2% em 2010. Para as regiões, entretanto, houve ligeira divergência, indicativa de aumento das disparidades, com V se elevando de 38,5% para 40,8% no período. O Gráfico 11 retrata as trajetórias bastante erráticas de V para os PIBs per capita de estados e regiões. Eles se elevam entre os anos 1960 e meados da década de 1970 para declinar depois, achatando-se no último decênio.

GRÁFICO 11

PIB PER CAPITA: COEFICIENTES DE VARIAÇÃO, 1940-2010

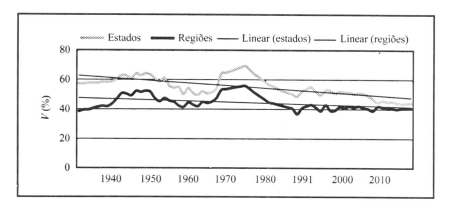

---

[28] Ou a 22% do PIB per capita do estado de São Paulo (PPC$ 17.335), se a comparação com o Distrito Federal for considerada descabida.

O IDH-2 E A ESCALA NACIONAL DO DESENVOLVIMENTO

No entanto, o índice sintético resultante dos três componentes examinados, o IDH-2, espelha a clara convergência predominante no período em exame, tanto com respeito aos estados quanto às regiões. Com efeito, para o IDH-2, V despencou, nos estados, de 20,8% em 1940 para 7,4% em 2010; e, nas regiões, de 20,8% para 6,6% no mesmo período. Em 1940, o menor IDH-2, o da Paraíba, com nota 2,41, representava somente 46% do maior deles, o do Rio de Janeiro (5,31) e 61% do brasileiro (4,00). Setenta anos depois, o menor IDH, o de Alagoas, já alcançava a nota 6,98, correspondendo a 75% do maior deles, o do Distrito Federal (9,26), e a 83% do brasileiro (8,37).

O grande salto no desenvolvimento humano do país ocorrido nesses 70 anos pode ser visualizado no Gráfico 12, que apresenta, para 1940 e 2010, as escalas nacionais do IDH-2.

Observe-se que, em 1940, apenas dois estados, o Rio de Janeiro e o Rio Grande do Sul, tinham IDHs-2 superiores a 5,00: os demais estados, além das regiões e do próprio Brasil, apresentavam, portanto, por esse indicador, níveis baixos ou muito baixos de desenvolvimento humano. Em 2010, ao contrário, tanto o Brasil quanto todas as regiões e estados alcançaram IDHs-2 iguais ou superiores ao nível médio-alto (nota acima de 6,50), com o Distrito Federal chegando ao nível muito alto (acima de 9,00) e o Brasil, o Sudeste, o Sul, o Centro-Oeste e 11 estados alcançando o nível alto (acima de 8,00).

Nessas sete décadas, o IDH-2 do Brasil cresceu 109%, com as regiões menos desenvolvidas apresentando desempenho ainda mais elevado: 166% no Nordeste, 131% no Centro-Oeste e 110% no Norte. Os estados menos desenvolvidos tiveram em geral resultados ainda mais elevados: o IDH-2 cresceu 200% na Paraíba, 191% no Rio Grande do Norte e 184% em Alagoas.

Gráfico 12
BRASIL, REGIÕES E ESTADOS: A ESCALA DO DESENVOLVIMENTO HUMANO, IDH-2

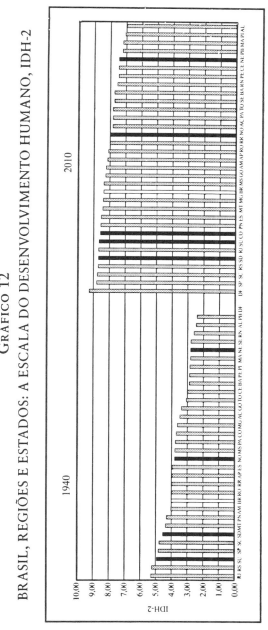

Entretanto, nem todos os estados e regiões foram capazes de transformar, com a mesma intensidade, seus potenciais econômicos em desenvolvimento social. Com efeito, considerando-se ser o PIB per capita uma medida desse potencial e ser o IDH-2 uma expressão de desenvolvimento social, torna-se possível ordenar decrescentemente os estados, as regiões — inclusive o Brasil como um todo — segundo a ordem do IDH-2 para o ano de 2010, conforme apresentado no Gráfico 13 e na Tabela 8.

Neles, o Distrito Federal e o estado de São Paulo, os primeiros na escala do IDH-2, são também os primeiros na escala do PIB per capita. Isso significa que em ambos os casos se traduziu, com mediana eficiência relativa, a "força econômica" deles, representada pelo PIB per capita, em desenvolvimento social. Santa Catarina e Rio Grande do Sul, terceiro e quarto colocados segundo o IDH-2, ocuparam respectivamente a sétima e a oitava posições segundo o PIB per capita, tendo se revelado relativamente mais eficientes nessa conversão de força econômica em ganhos sociais. Já o Estado do Rio de Janeiro, o sexto pelo IDH-2, embora seja o terceiro em PIB per capita, revela-se relativamente ineficiente no uso dos recursos de que dispõe para o desenvolvimento social.

GRÁFICO 13
BRASIL, REGIÕES E ESTADOS: ORDEM DO IDH-2 MENOS ORDEM DO PIB PER CAPITA, 2010

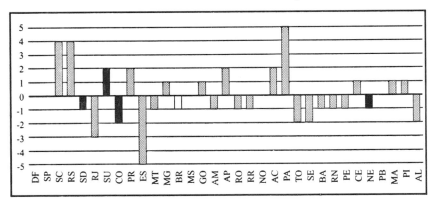

TABELA 8

BRASIL, REGIÕES E ESTADOS: EFICIÊNCIA RELATIVA DO PIB PER CAPITA SOBRE O DESENVOLVIMENTO SOCIAL, MEDIDO PELO IDH-2, 2010

Discriminação	IDH-2, 2010	PIB per capita, 2010 (PPC$ de 2009)	Ordem do IDH-2	Ordem do PIB per capita	Ordem do IDH-2 menos ordem do PIB per capita
Distrito Federal	9,26	32.706	1	1	0
São Paulo	8,79	17.335	2	2	0
Santa Catarina	8,76	14.064	3	7	4
Rio Grande do Sul	8,69	13.298	4	8	4
Sudeste	8,68	15.071	5	4	-1
Rio de Janeiro	8,67	15.298	6	3	-3
Sul	8,65	13.071	7	9	2
Centro-Oeste	8,57	14.150	8	6	-2
Paraná	8,55	12.243	9	11	2
Espírito Santo	8,52	14.181	10	5	-5
Mato Grosso	8,42	12.427	11	10	-1
Minas Gerais	8,39	10.279	12	13	1
BRASIL	8,37	11.333	13	12	-1
Mato Grosso do Sul	8,36	9.648	14	14	0
Goiás	8,25	8.939	15	16	1
Amazonas	8,23	9.590	16	15	-1
Amapá	8,14	7.213	17	19	2
Rondônia	8,09	8.173	18	17	-1
Roraima	7,99	7.725	19	18	-1
Norte	7,97	6.952	20	20	0
Acre	7,82	6.548	21	23	2
Pará	7,81	5.498	22	27	5
Tocantins	7,81	6.746	23	21	-2
Sergipe	7,73	6.741	24	22	-2
Bahia	7,72	6.178	25	24	-1
Rio Grande do Norte	7,54	5.734	26	25	-1
Pernambuco	7,46	5.710	27	26	-1
Ceará	7,46	5.072	28	29	1
Nordeste	7,45	5.339	29	28	-1
Paraíba	7,22	4.864	30	30	0
Maranhão	7,20	4.177	31	32	1
Piauí	7,06	3.831	32	33	1
Alagoas	6,98	4.449	33	31	-2

FONTE: Anexos II e III.

Na última coluna da Tabela 8, os valores positivos sinalizam maior eficiência social relativa, os negativos, menor eficiência relativa. Os zeros traduzem eficiência social mediana.

O Espírito Santo, com -5, o Rio de Janeiro, com -3, além do Centro-Oeste, Tocantins, Sergipe e Alagoas, com -2, revelavam-se relativamente menos hábeis em converter os seus potenciais econômicos em desenvolvimento humano. O Pará, com 5, além do Sul e do Paraná, Amapá e Acre, com -2, exibiram maior capacidade relativa nessa mesma tarefa.

Anexo III-A
BRASIL, REGIÕES E ESTADOS: PRODUTO INTERNO BRUTO, PIB, 1940-2010 (PPC$ MILHÕES DE 2009)

País, regiões, estados	1940	1950	1960	1970	1980	1991	2000	2010
Norte	2.062	2.560	6.581	10.272	34.109	56.647	69.973	108.489
Rondônia	45	97	212	462	2.744	5.066	7.771	12.185
Acre	87	154	314	570	1.183	1.611	2.352	4.679
Amapá	740	858	2.079	3.060	11.316	20.245	26.073	34.130
Amazonas	22	40	81	147	421	1.127	1.543	3.386
Pará	1.059	1.197	3.364	4.884	15.785	24.481	26.130	40.209
Roraima	32	80	199	498	827	1.932	2.719	4.891
Tocantins	78	136	333	651	1.833	2.184	3.385	9.010
Nordeste	11.313	17.564	36.133	52.077	121.701	160.723	199.124	282.473
Maranhão	844	942	2.695	3.663	8.590	9.779	12.719	25.670
Piauí	585	513	1.001	1.635	3.818	5.477	7.363	11.481
Ceará	1.414	2.510	4.794	6.405	15.663	22.008	28.735	40.878
Rio Grande do Norte	537	1.081	2.168	2.385	6.448	9.436	12.839	18.620
Paraíba	901	1.768	3.468	3.168	6.651	10.166	12.762	18.032
Pernambuco	2.981	4.624	8.491	12.952	25.750	34.736	40.239	50.563
Alagoas	613	1.017	1.969	3.024	6.737	8.552	9.702	14.451
Sergipe	428	580	1.195	1.920	3.957	7.683	8.180	13.722
Bahia	3.010	4.528	10.353	16.923	44.088	52.886	66.585	89.057
Sudeste	42.540	78.603	153.431	291.609	634.378	705.645	879.189	1.219.229
Minas Gerais	6.939	12.621	24.381	36.828	95.873	114.441	146.674	195.973
Espírito Santo	819	1.568	2.556	5.235	14.932	19.911	29.744	49.007
Rio de Janeiro	13.751	22.737	41.646	74.151	139.756	147.568	190.479	241.028
São Paulo	21.031	41.676	84.847	175.394	383.816	423.725	512.292	733.221
Sul	10.521	19.539	43.447	74.342	172.745	205.656	267.371	359.648
Paraná	1.998	5.870	15.669	24.155	58.603	70.613	91.137	131.233
Santa Catarina	1.537	2.908	6.326	11.914	33.463	41.990	58.615	84.972
Rio Grande do Sul	6.986	10.761	21.452	38.272	80.679	93.053	117.619	143.443
Centro-Oeste	1.509	2.821	6.293	17.895	54.743	73.347	105.744	191.645
Mato Grosso	420	883	1.857	3.907	11.106	11.885	16.386	22.840
Mato Grosso do Sul	361	666	1.227	2.263	6.160	10.979	18.551	34.670
Goiás	728	1.273	3.118	6.100	17.186	22.648	29.931	52.962
Distrito Federal	...	...	90	5.625	20.292	27.835	40.875	81.174
BRASIL	67.621	119.909	244.463	444.873	1.017.676	1.202.017	1.521.400	2.161.485

Fonte: IBGE, Ipea.

Anexo III-B
BRASIL, REGIÕES E ESTADOS: POPULAÇÃO, 1940-2010 (ANOS CENSITÁRIOS) (MIL)

País, regiões, estados	1940	1950	1960	1970	1980	1991	2000	2010
Norte	1.609	2.060	2.901	4.125	6.595	10.186	13.013	15.865
Rondônia	24	37	70	111	489	1.150	1.392	1.560
Acre	80	115	158	215	300	424	562	733
Amapá	402	514	708	955	1.425	2.136	2.837	3.481
Amazonas	12	18	28	41	79	221	327	451
Pará	923	1.123	1.529	2.167	3.391	5.027	6.246	7.588
Roraima	21	37	68	114	175	294	481	669
Tocantins	147	215	339	521	736	934	1.167	1.383
Nordeste	14.434	17.973	22.182	28.112	34.684	43.154	48.158	53.076
Maranhão	1.235	1.583	2.469	2.993	3.982	5.006	5.701	6.569
Piauí	818	1.046	1.242	1.681	2.131	2.622	2.868	3.119
Ceará	2.091	2.695	3.296	4.362	5.269	6.465	7.495	8.448
Rio Grande do Norte	768	968	1.146	1.550	1.891	2.453	2.801	3.168
Paraíba	1.422	1.713	2.001	2.383	2.760	3.251	3.474	3.767
Pernambuco	2.688	3.396	4.097	5.161	6.121	7.238	7.987	8.796
Alagoas	951	1.093	1.258	1.589	1.975	2.553	2.847	3.121
Sergipe	542	644	752	901	1.136	1.515	1.800	2.068
Bahia	3.918	4.835	5.920	7.493	9.419	12.051	13.184	14.021
Sudeste	18.346	22.548	30.631	39.853	51.543	63.710	73.044	80.350
Minas Gerais	6.781	7.825	9.913	11.487	13.329	15.986	18.048	19.594
Espírito Santo	772	915	1.298	1.599	2.016	2.641	3.124	3.513
Rio de Janeiro	3.612	4.675	6.611	8.995	11.250	13.006	14.517	15.993
São Paulo	7.180	9.134	12.809	17.772	24.948	32.077	37.355	41.250
Sul	5.735	7.841	11.753	16.496	18.961	22.471	25.327	27.384
Paraná	1.236	2.116	4.268	6.930	7.601	8.579	9.647	10.439
Santa Catarina	1.178	1.561	2.118	2.902	3.615	4.612	5.403	6.249
Rio Grande do Sul	3.321	4.165	5.367	6.665	7.745	9.280	10.277	10.695
Centro-Oeste	1.112	1.522	2.604	4.552	6.144	9.573	11.738	14.058
Mato Grosso	236	285	486	872	1.365	1.808	2.096	2.449
Mato Grosso do Sul	196	237	404	725	1.134	2.059	2.533	3.042
Goiás	680	1.000	1.574	2.418	3.109	4.081	5.047	6.004
Distrito Federal	...	...	140	537	536	1.626	2.069	2.563
BRASIL	41.236	51.944	70.070	93.139	117.925	149.094	171.280	190.733

Fonte: IBGE, Ipea.

Anexo III-C
BRASIL, REGIÕES E ESTADOS: PIB PER CAPITA, 1940-2010 (PPC$ DE 2009)

País, regiões, estados	1940	1950	1960	1970	1980	1991	2000	2010
Norte	**1.282**	**1.243**	**2.269**	2.490	5.172	5.561	5.377	6.952
Rondônia	1.883	2.633	3.037	4.160	5.608	4.404	5.583	8.173
Acre	1.088	1.341	1.983	2.647	3.940	3.798	4.183	6.548
Amapá	1.839	1.669	2.934	3.204	7.942	9.479	9.190	9.590
Amazonas	1.887	2.184	2.850	3.587	5.340	5.103	4.714	7.725
Pará	1.147	1.065	2.200	2.254	4.655	4.870	4.183	5.498
Roraima	1.487	2.126	2.940	4.355	4.737	6.575	5.651	7.213
Tocantins	531	630	981	1.249	2.491	2.338	2.900	6.746
Nordeste	**784**	**977**	**1.629**	1.852	3.509	3.724	4.135	5.339
Maranhão	683	595	1.091	1.224	2.157	1.953	2.231	4.177
Piauí	716	491	806	973	1.791	2.089	2.567	3.831
Ceará	676	931	1.454	1.469	2.973	3.404	3.834	5.072
Rio Grande do Norte	699	1.116	1.892	1.539	3.410	3.847	4.584	5.734
Paraíba	633	1.032	1.733	1.330	2.410	3.127	3.674	4.864
Pernambuco	1.109	1.362	2.073	2.510	4.207	4.799	5.038	5.710
Alagoas	644	931	1.565	1.903	3.411	3.350	3.408	4.449
Sergipe	790	900	1.588	2.132	3.484	5.072	4.544	6.741
Bahia	768	937	1.749	2.258	4.681	4.388	5.050	6.178
Sudeste	**2.319**	**3.486**	**5.009**	7.317	12.308	11.076	12.036	**15.071**
Minas Gerais	1.023	1.613	2.460	3.206	7.193	7.159	8.127	10.279
Espírito Santo	1.060	1.714	1.969	3.273	7.407	7.540	9.521	14.181
Rio de Janeiro	3.807	4.864	6.300	8.244	12.423	11.346	13.121	15.298
São Paulo	2.929	4.563	6.624	9.869	15.385	13.210	13.714	17.335
Sul	**1.834**	**2.492**	**3.697**	**4.507**	9.111	**9.152**	**10.557**	**13.071**
Paraná	1.616	2.775	3.671	3.486	7.710	8.231	9.447	12.243
Santa Catarina	1.305	1.863	2.987	4.106	9.258	9.104	10.848	14.064
Rio Grande do Sul	2.104	2.584	3.997	5.742	10.417	10.027	11.445	13.298
Centro-Oeste	**1.357**	**1.854**	**2.417**	**3.931**	8.911	7.662	9.009	**14.150**
Mato Grosso	1.778	3.097	3.823	4.480	8.139	6.574	7.817	9.648
Mato Grosso do Sul	1.840	2.809	3.039	3.121	5.430	5.333	7.323	12.427
Goiás	1.071	1.273	1.981	2.523	5.527	5.550	5.931	8.939
Distrito Federal	...	...	645	10.466	37.892	17.120	19.756	32.706
BRASIL	**1.640**	**2.308**	**3.489**	4.776	8.583	8.062	8.883	**11.333**

FONTE: IBGE, Ipea.

Anexo IV-A

BRASIL, REGIÕES E ESTADOS: ÍNDICE DE DESENVOLVIMENTO HUMANO, IDH-2, 1940-2010 (ANOS CENSITÁRIOS)*

País, regiões, estados	IDH-2							
	1940	1950	1960	1970	1980	1991	2000	2010
Norte	3,80	4,10	5,18	5,63	6,73	7,00	7,42	7,97
Rondônia	3,98	4,53	5,04	5,78	6,41	7,00	7,54	8,09
Acre	3,47	4,16	4,30	4,92	5,75	6,44	7,00	7,82
Amazonas	4,01	4,13	5,13	5,82	7,03	7,37	7,77	8,23
Roraima	3,98	4,38	4,98	5,69	6,55	7,05	7,46	7,99
Pará	3,76	4,13	5,34	5,66	6,69	6,93	7,28	7,81
Amapá	3,97	4,57	5,20	5,92	6,59	7,31	7,62	8,14
Tocantins	3,06	3,22	4,10	4,72	5,55	6,28	6,99	7,81
Nordeste	2,80	3,08	3,92	4,22	5,26	6,19	6,80	7,45
Maranhão	2,81	2,95	3,86	4,10	5,07	5,80	6,33	7,20
Piauí	2,84	2,94	3,57	3,92	5,13	5,94	6,38	7,06
Ceará	2,99	3,24	3,57	4,00	4,95	6,01	6,78	7,46
Rio Grande do Norte	2,59	2,93	3,58	3,80	4,97	6,06	6,91	7,54
Paraíba	2,41	2,85	3,41	3,69	4,54	5,67	6,54	7,22
Pernambuco	2,87	3,12	3,78	4,33	5,26	6,25	6,85	7,46
Alagoas	2,46	2,72	3,29	3,79	4,72	5,65	6,30	6,98
Sergipe	2,78	3,03	3,78	4,35	5,47	6,58	6,96	7,73
Bahia	2,89	3,22	4,10	4,65	5,81	6,62	7,11	7,72
Sudeste	4,54	5,27	6,26	6,70	7,62	7,91	8,20	8,68
Minas Gerais	3,63	4,26	5,32	5,77	7,12	7,48	7,90	8,39
Espírito Santo	3,96	4,32	4,86	5,94	7,25	7,63	7,99	8,52
Rio de Janeiro	5,31	6,01	6,82	6,91	7,71	7,95	8,19	8,67
São Paulo	4,82	5,66	6,70	7,10	7,81	8,09	8,35	8,79

(cont.)

País, regiões, estados	IDH-2							
	1940	1950	1960	1970	1980	1991	2000	2010
Sul	4,93	5,43	6,26	6,58	7,63	7,88	8,23	8,65
Paraná	4,30	4,85	5,84	6,04	7,24	7,63	8,06	8,55
Santa Catarina	4,77	5,32	6,29	6,71	7,73	7,95	8,30	8,76
Rio Grande do Sul	5,23	5,81	6,63	7,11	8,00	8,11	8,34	8,69
Centro-Oeste	**3,70**	**4,37**	**5,38**	**5,89**	**7,18**	**7,52**	**7,95**	**8,57**
Mato Grosso do Sul	3,78	4,57	5,36	5,86	7,27	7,50	7,91	8,36
Mato Grosso	4,36	5,08	5,80	5,89	6,79	7,24	7,76	8,42
Goiás	3,38	3,96	5,04	5,48	6,72	7,24	7,68	8,25
Distrito Federal	...	...	4,72	6,95	8,52	8,24	8,53	9,26
BRASIL	**4,00**	**4,55**	**5,51**	**5,90**	**6,91**	**7,39**	**7,82**	**8,37**

*Para o PIB per capita, ver o Anexo III-C.
FONTE: IBGE.

Anexo IV-B

BRASIL, REGIÕES E ESTADOS: COMPONENTES DO IDH-2, 1940-2010 (ANOS CENSITÁRIOS)*

País, regiões, estados	Esperança de vida ao nascer (anos)								Taxa de alfabetização (%)							
	1940	1950	1960	1970	1980	1991	2000	2010	1940	1950	1960	1970	1980	1991	2000	2010
Norte	40,4	44,3	52,6	54,1	64,2	65,5	68,5	72,2	0,46	0,49	0,57	0,67	0,71	0,75	0,84	0,89
Rondônia	39,1	43,5	48,4	53,9	59,0	65,3	68,3	71,8	0,47	0,50	0,55	0,63	0,68	0,80	0,87	0,91
Acre	38,9	43,4	48,4	53,9	59,1	65,3	68,3	72,0	0,41	0,51	0,40	0,45	0,54	0,65	0,76	0,86
Amazonas	42,0	43,8	52,1	54,3	65,5	66,3	68,9	72,2	0,44	0,46	0,52	0,68	0,71	0,76	0,85	0,92
Roraima	40,2	44,2	48,5	53,3	58,4	64,6	68,9	70,6	0,45	0,48	0,54	0,64	0,74	0,80	0,87	0,91
Pará	40,1	45,5	53,6	54,4	63,7	65,4	68,7	72,5	0,47	0,50	0,61	0,69	0,72	0,76	0,83	0,88
Amapá	40,6	44,2	49,4	54,5	59,7	66,0	69,0	71,0	0,48	0,53	0,59	0,66	0,75	0,81	0,88	0,96
Tocantins	40,0	44,8	48,9	54,0	59,2	65,4	68,4	71,9	0,39	0,34	0,45	0,51	0,56	0,69	0,81	0,86
Nordeste	38,2	38,7	43,6	44,4	51,6	62,7	65,8	70,4	0,28	0,31	0,40	0,45	0,54	0,62	0,74	0,81
Maranhão	41,9	44,5	48,7	49,1	55,4	64,6	64,8	68,4	0,24	0,26	0,36	0,41	0,50	0,59	0,72	0,81
Piauí	42,7	45,5	47,8	49,4	57,9	66,5	65,7	69,7	0,23	0,28	0,34	0,39	0,51	0,58	0,69	0,76
Ceará	41,1	40,9	38,9	43,1	47,0	60,2	66,4	71,0	0,31	0,33	0,39	0,45	0,55	0,63	0,73	0,82
Rio Grande do Norte	33,5	33,9	34,1	38,6	45,4	59,3	66,4	71,7	0,31	0,33	0,43	0,46	0,56	0,64	0,75	0,81
Paraíba	35,1	34,8	35,2	38,9	44,3	57,7	64,4	69,8	0,25	0,30	0,38	0,44	0,51	0,58	0,70	0,77
Pernambuco	35,5	35,0	36,8	41,1	47,8	59,4	63,7	69,1	0,29	0,33	0,43	0,49	0,58	0,66	0,75	0,83
Alagoas	37,1	36,9	37,4	40,6	46,9	58,6	63,2	67,6	0,22	0,25	0,32	0,39	0,46	0,55	0,67	0,75
Sergipe	34,8	37,3	41,2	45,1	55,3	65,7	67,2	71,6	0,33	0,34	0,40	0,46	0,54	0,64	0,75	0,84
Bahia	39,6	40,7	44,7	48,8	58,0	67,5	67,7	72,6	0,28	0,33	0,43	0,48	0,55	0,65	0,77	0,83
Sudeste	44,0	48,8	57,0	56,9	63,6	67,6	69,6	74,6	0,52	0,59	0,69	0,76	0,84	0,88	0,92	0,94
Minas Gerais	43,6	46,8	53,5	54,3	63,1	67,8	70,4	75,1	0,39	0,45	0,59	0,66	0,79	0,82	0,88	0,91
Espírito Santo	47,2	50,4	57,9	57,9	67,3	69,9	70,3	74,3	0,42	0,40	0,41	0,65	0,75	0,82	0,88	0,91
Rio de Janeiro	45,4	50,9	59,2	57,3	63,2	66,5	67,6	73,7	0,65	0,72	0,79	0,80	0,87	0,90	0,93	0,95
São Paulo	43,6	49,9	59,1	58,5	63,6	67,8	70,0	74,8	0,57	0,65	0,74	0,81	0,86	0,90	0,93	0,95
Sul	50,1	53,3	60,3	60,3	67,0	68,8	71,0	75,2	0,57	0,62	0,69	0,75	0,84	0,88	0,92	0,95
Paraná	45,1	47,2	55,8	57,5	64,4	67,1	70,3	74,7	0,49	0,53	0,64	0,68	0,79	0,85	0,90	0,93
Santa Catarina	51,7	53,9	60,2	60,9	66,8	68,8	71,3	75,8	0,56	0,63	0,73	0,80	0,87	0,90	0,94	0,96
Rio Grande do Sul	52,1	57,2	65,2	64,5	70,6	70,9	71,6	75,5	0,61	0,66	0,71	0,80	0,86	0,90	0,93	0,95
Centro-Oeste	44,9	50,3	56,4	56,0	64,7	67,0	69,4	74,3	0,34	0,40	0,56	0,64	0,74	0,83	0,89	0,92
Mato Grosso do Sul	45,0	50,0	55,6	58,2	66,0	68,1	70,4	74,3	0,32	0,38	0,49	0,57	0,76	0,83	0,89	0,92
Mato Grosso	46,3	51,6	57,4	57,9	65,6	67,3	69,2	73,7	0,47	0,52	0,63	0,64	0,69	0,80	0,88	0,91
Goiás	45,5	49,8	55,0	55,3	63,0	66,2	69,6	73,9	0,28	0,35	0,51	0,60	0,71	0,82	0,88	0,91
Distrito Federal	...	...	48,9	54,2	65,9	67,4	69,0	75,8	...	...	0,71	0,82	0,88	0,91	0,94	0,96
BRASIL	42,7	45,9	52,4	52,7	60,1	66,1	68,6	74,0	0,44	0,49	0,60	0,66	0,75	0,80	0,87	0,90

*Para o PIB per capita, ver o Anexo III-C.
FONTE: IBGE.

TERCEIRA PARTE

DESEMPENHO E ESTRUTURA SOCIAIS: O IDS (1970-2010)

ANTECEDENTES

A partir da primeira metade da década de 1970, a questão social brasileira passou a ser percebida como resultante, essencialmente, de extrema e crescente desigualdade na distribuição da renda. Essa percepção firmou-se com as primeiras estimativas do coeficiente de Gini produzidas para o Brasil, realizadas a partir dos dados sobre rendimentos dos censos demográficos de 1960 e 1970. Elas revelaram um grande aumento, ao longo dessa década, no valor daquele coeficiente, que ter-se-ia elevado de 0,500 em 1960 para 0,568 em 1970, sinalizando forte agravo no grau de desigualdade interpessoal de rendimento.[29]

Para melhor captar essas percepções — e as realidades subjacentes —, um novo indicador, o Índice de Desenvolvimento Social, IDS, foi concebido em 2004 pelo Fórum Nacional como ferramenta de análise da evolução social do Brasil, suas regiões e estados.

O interesse do Fórum Nacional pelos indicadores sintéticos de desenvolvimento remonta, na verdade, a 1989.

Naquele ano teve início uma parceria entre o Fórum e o Ipea com o objetivo de examinar em profundidade a questão social brasileira e formular políticas públicas capazes de enfrentá-la.[30]

A equipe de trabalho constituída para esse fim considerou útil aplicar ao Brasil a metodologia, ainda incipiente, de construção de índices compósitos de desenvolvimento socioeconômico. Ela vinha sendo desenvolvida

---

[29]Veja-se a propósito, FISHLOW e LANGONI. Para um exame do debate que se travou sobre o assunto, ver BONELLI & SEDLACEK, ALMEIDA REIS, RODRIGUEZ E PAES DE BARROS.

[30]Essa parceria resultou de convênio, de 1989, entre o Instituto Brasileiro de Mercado de Capitais, Ibmec, que então abrigava o Fórum Nacional, e o Ipea.

desde os anos 1960 pelo Instituto de Pesquisa para o Desenvolvimento Social das Nações Unidas (United Nations Research Institute for Social Development, Unrisd), com sede em Genebra.[31]

Os primeiros estudos resultantes dessa parceria institucional foram apresentados em novembro de 1990 no III Fórum Nacional (Rio de Janeiro), tendo sido posteriormente publicados no livro *A questão social do Brasil*.[32] O mais relevante dentre eles (no que respeita aos indicadores sintéticos) intitulou-se "A situação social do Brasil: um balanço de duas décadas".[33]

Esse *paper* divulgou, pela primeira vez no país, Índices de Desenvolvimento Humano, IDHs, para o Brasil, suas regiões e estados,[34] abarcando o período 1970-1988.[35] E foi além deles ao estimar, para o mesmo período, dois novos índices: o Índice de Desenvolvimento Relativo, IDR, e o Índice do Nível de Vida, INV.[36]

Esse último indicador, o INV, já é um índice de desenvolvimento bastante completo, sendo integrado por cinco componentes: saúde, habitação, educação, participação econômica e lazer e informação e por 10 subcomponentes. Ele pode ser considerado o precursor do Índice de Desenvolvimento Social, IDS, divulgado pelo Fórum Nacional no Minifórum Especial de setembro de 2004.[37] Ele tem cinco componentes e 14 subcomponentes ou indicadores.

---

[31]Entre outros estudos patrocinados pelo Inrisd, foram examinados *The level of living index* e *Contents and measurement of socioeconomic development* (ver DRENOWSKI & SCOTT e MCGRANAHAN, D.V. *et al.*).

[32]O organizador do livro foi João Paulo dos Reis Velloso, coordenador do Fórum Nacional (cf. VELLOSO, org.).

[33]Cf. ALBUQUERQUE & VILLELA.

[34]Neste livro, a expressão "estados" inclui, salvo menção em contrário, o Distrito Federal (ou seja, refere-se às 27 unidades da Federação).

[35]O IDH fora divulgado pelo Programa das Nações Unidas para o Desenvolvimento, Pnud, em meados de 1990 — ver UNDP (1990). Nessa ocasião, os estudos do Fórum Nacional e Ipea já se encontravam bastante avançados (eles foram apresentados, conforme visto, em novembro desse mesmo ano).

[36]O Ipea divulgou esses dois índices e o IDH no ano de 1991 em estudo intitulado "A situação social: o que diz o passado e o que promete o futuro" — ver ALBUQUERQUE (1991). O relatório completo desses estudos — contendo um Índice Geral de Desenvolvimento, IGD, com 22 variáveis econômicas, 60 sociais e 8 políticas, estimado para 1970-1988 — foi publicado, também pelo Ipea, em 2003: cf. ALBUQUERQUE, coord. (1993). O IGD foi apresentado no IV Fórum Nacional (Rio de Janeiro, 1991) e divulgado no livro *Estratégia social e desenvolvimento* — cf. VELLOSO, coord. (1992).

[37]Veja-se, para o IDS de 2004, o estudo intitulado "A questão social: balanço de cinco décadas e agenda para o futuro": em ALBUQUERQUE (2005). O IDS desse ano tem cinco componentes e 14 subcomponentes (ou indicadores).

Uma nova e definitiva versão do IDS, para os anos 1970-2007, foi apresentada no XX Fórum Nacional (2008). Ela tem cinco componentes (saúde, educação, trabalho, rendimento e habitação) e 12 subcomponentes e foi atualizada para o ano de 2008.[38]

O ÍNDICE DE DESENVOLVIMENTO SOCIAL, IDS, 1970-2010

Esta nova atualização do Índice de Desenvolvimento Social, IDS, cobre o período 1970-2010, tendo sido calculada para os anos censitários de 1970, 1980, 1991 e 2000 (com base principalmente nos Censos Demográficos correspondentes) e para os anos 2005-2009 (com base sobretudo nas Pesquisas Nacionais por Amostra de Domicílios, Pnads, relativas a esses anos). Foi estimado para 2010 mediante extrapolação de sua tendência evolutiva recente. Seus valores variam hipoteticamente entre 0 e 10 e são apresentados com dois algarismos decimais.[39]

O IDS enseja ao mesmo tempo visão de síntese e análises desagregadas do desempenho e da estrutura sociais. Ele é integrado pelos seguintes componentes:

1) saúde, representado pelos subcomponentes esperança de vida ao nascer e taxa de sobrevivência infantil (o complemento para 100 da taxa de mortalidade infantil);

2) educação, representado pelos subcomponentes taxa de alfabetização e pela média de anos de estudo (ou escolaridade média) da população;

3) trabalho, representado pelos subcomponentes taxas de atividade e de ocupação;

4) rendimento, representado pelos subcomponentes PIB per capita e coeficiente de igualdade (o complemento para 1 do coeficiente de Gini); e

5) habitação, representado pelos subcomponentes disponibilidades domiciliares de água, energia elétrica, geladeira e televisão.[40]

---

[38]Cf. ALBUQUERQUE (2008) e ALBUQUERQUE & PESSOA (2009).
[39]Desde 2008 o IDS e outros índices semelhantes vêm sendo apresentados em nota, variando entre 0 e 10 (e não com os IDHs e IDS estimados em 2004, que variaram entre 0 e 1).
[40]Ver, para os procedimentos de cálculo do IDS, o Apêndice Metodológico. E para os dados do IDS e componentes para 1970-2010, seus componentes, o Anexo V.

O IDS: VISÃO DE SÍNTESE

A Tabela 9 apresenta, na coluna 3, por ordem decrescente, os IDS estimados para 2010 e relativos ao Brasil, regiões e estados.

Considera-se que os IDS desse ano que forem iguais ou superiores a 8,50 refletem situações de alto desenvolvimento social; os menores do que 8,50 e iguais ou maiores do que 7,50, situações de médio-alto desenvolvimento social; e os menores do que 7,50 e iguais ou maiores do que 5,00, situações de médio-baixo desenvolvimento social. (Os IDS inferiores a 5,00 retratam situações de baixo desenvolvimento social.)

Estão na dianteira do desenvolvimento social brasileiro o Distrito Federal (IDS de 9,08) e os estados de Santa Catarina (9,03) e São Paulo (8,86); na retaguarda, Alagoas (IDS de 6,41), Paraíba (6,72) e Maranhão (6,77). Entre as regiões, o Sul tem o IDS mais alto (8,73), o Nordeste, o mais baixo (7,05). O Brasil, com IDS de 8,14, situa-se, em ordem decrescente, no 15º lugar, refletindo situação de médio-alto desenvolvimento social.

A Tabela 9 permite também comparar a ordem dos IDS e a ordem dos PIBs per capita (apresentados, em PPC$ de 2009,[41] na coluna 4). Esse confronto é feito na coluna 5. Nela, os valores positivos (por exemplo, o de Santa Catarina, que é igual a 5) resultam de IDS relativamente mais alto e PIB per capita relativamente mais baixo; os valores negativos (exemplo: Rio de Janeiro, -8), de IDS relativamente mais baixo e PIB per capita relativamente mais alto (os zeros — por exemplo, o caso do Nordeste — refletem o mesmo lugar nas ordens dos dois indicadores).[42]

---

[41]Ou seja, em "dólares internacionais", unidade de conta que reflete a paridade de poder de compra (PPC), em determinado ano, entre o real no Brasil e o dólar nos Estados Unidos. Cf. THE WORLD BANK (2004).

[42]O coeficiente de correlação, R, entre as ordens do IDS e do PIB per capita em 2010 é de 0,938 para o Brasil, regiões e estados (33 observações), com o coeficiente de determinação, R^2, sendo 0,880.

TABELA 9
O ÍNDICE DE DESENVOLVIMENTO SOCIAL, IDS, 2010: BRASIL, REGIÕES E ESTADOS

Ordem do IDS	Brasil, regiões e estados	IDS 2010	PIB per capita (2010) (US$PPC, 2009)	Ordem do PIB per capita menos ordem do IDS
ALTO DESENVOLVIMENTO SOCIAL (IDS ≥ 8,50)				
1	Distrito Federal	9,08	32.706	0
2	Santa Catarina	9,03	14.064	5
3	São Paulo	8,86	17.335	-1
4	Sul	8,73	13.071	5
5	Rio Grande do Sul	8,71	13.298	3
6	Paraná	8,61	12.243	5
7	Sudeste	8,60	15.071	-3
8	Mato Grosso	8,52	12.427	2
9	Centro-Oeste	8,50	14.150	-3
MÉDIO-ALTO DESENVOLVIMENTO SOCIAL (IDS ≤ 8,50 e ≥ 7,50)				
10	Espírito Santo	8,47	14.181	-5
11	Rio de Janeiro	8,36	15.298	-8
12	Minas Gerais	8,32	10.279	1
13	Goiás	8,31	8.939	3
14	Mato Grosso do Sul	8,25	9.648	0
15	BRASIL	8,14	11.333	-3
16	Tocantins	7,90	6.746	5
17	Rondônia	7,86	8.173	0
18	Amazonas	7,83	9.590	-3
19	Roraima	7,78	7.725	-1
20	Norte	7,52	6.952	0
MÉDIO-BAIXO DESENVOLVIMENTO SOCIAL (IDS < 7,50 e ≥ 5,00)				
21	Acre	7,41	6.548	2
22	Bahia	7,41	6.178	2
23	Ceará	7,27	5.072	6
24	Amapá	7,26	7.213	-5
25	Rio Grande do Norte	7,24	5.734	0
26	Pará	7,21	5.498	1
27	Sergipe	7,16	6.741	-5
28	Nordeste	7,05	5.339	0
29	Pernambuco	6,95	5.710	-3
30	Piauí	6,85	3.831	3
31	Maranhão	6,77	4.177	1
32	Paraíba	6,72	4.864	-2
33	Alagoas	6,41	4.449	-2

FONTES: Anexo V e Apêndice Metodológico.

O Gráfico 14 apresenta, com fundamento nos IDS relativos a 2010, a escala do desenvolvimento social do país, distinguindo, para o Brasil, suas regiões e estados, os níveis de desenvolvimento social alcançados.

A Tabela 10 apresenta a evolução do IDS ao longo do período 1970-2010. Nesse período, o IDS do Brasil cresceu à média anual de 2,0%. O IDS do Nordeste avançou relativamente mais (a 3,3% anuais), embora tenha partido de patamar muito baixo (nota de 1,89 em 1970). Seguem-lhe os avanços alcançados pelos IDS do Centro-Oeste (2,4%), Norte (2,2%), Sul (1,8%) e Sudeste (1,5%).

Houve nesse período acentuada redução das disparidades inter-regionais de desenvolvimento social, com o coeficiente de variação, V, para as regiões tendo caído ao longo do período: de 31,8% em 1970 para 9,9% em 2010.

As performances dos estados apresentam maior dispersão. Enquanto o IDS do Rio Grande do Norte cresceu a 4,6% ao ano e o do Piauí a 4,4%, os dos estados do Rio de Janeiro e São Paulo evoluíram ambos a 1,2% anuais. Não surpreende, portanto, que o coeficiente de variação, V, tenha decrescido relativamente mais: de 40,9% em 1970 para 9,9% em 2010.

Já se terá observado que o IDS dos estados em 1970-2010 — como, de resto, os regionais — correlacionam-se negativamente com o nível de desenvolvimento social alcançado: R foi -0,792 e R^2, 0,628 para eles.

GRÁFICO 14
BRASIL: A ESCALA DO DESENVOLVIMENTO SEGUNDO O IDS, 2010

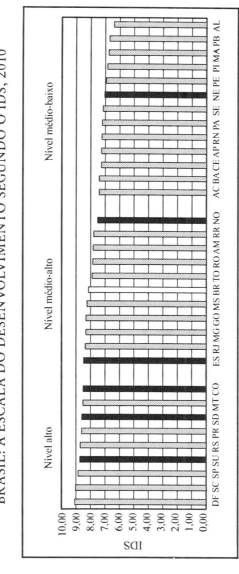

TABELA 10
TENDÊNCIAS DO IDS, 1970-2010: BRASIL, REGIÕES E ESTADOS

Ordem do IDS de 2010	Brasil, regiões e estados	IDS, anos					Crescimento médio anual (%)				
		1970	1980	1991	2000	2010	1970-1980	1980-1991	1991-2000	2000-2010	1970-2010
ALTO DESENVOLVIMENTO SOCIAL (IDS de 2010 igual ou maior que 8,50)											
1	Distrito Federal	5,18	7,54	7,99	7,85	9,08	3,8	0,5	-0,2	1,5	1,4
2	Santa Catarina	4,07	6,21	7,22	7,66	9,03	4,3	1,4	0,7	1,7	2,0
3	São Paulo	5,40	6,92	7,64	7,61	8,86	2,5	0,9	0,0	1,5	1,2
4	**Sul**	**4,20**	**6,11**	**7,11**	**7,45**	**8,73**	**3,8**	**1,4**	**0,5**	**1,6**	**1,8**
5	Rio Grande do Sul	4,76	6,63	7,38	7,59	8,71	3,4	1,0	0,3	1,4	1,5
6	Paraná	3,71	5,57	6,85	7,26	8,61	4,2	1,9	0,7	1,7	2,1 .
7	**Sudeste**	**4,74**	**6,43**	**7,26**	**7,34**	**8,60**	**3,1**	**1,1**	**0,1**	**1,6**	**1,5**
8	Mato Grosso	3,51	4,73	6,04	6,69	8,52	3,0	2,2	1,1	2,4	2,2
9	Centro-Oeste	3,27	5,38	6,31	6,95	8,50	5,1	1,5	1,1	2,0	2,4
MÉDIO-ALTO DESENVOLVIMENTO SOCIAL (IDS de 2010 menor que 8,50 e igual ou maior que 7,50)											
10	Espírito Santo	3,58	5,66	6,79	7,13	8,47	4,7	1,7	0,5	1,7	2,2
11	Rio de Janeiro	5,26	6,66	7,37	7,29	8,36	2,4	0,9	-0,1	1,4	1,2
12	Minas Gerais	3,29	5,36	6,49	6,87	8,32	5,0	1,8	0,6	1,9	2,4
13	Goiás	2,82	4,91	6,40	6,75	8,31	5,7	2,4	0,6	2,1	2,7
14	Mato Grosso do Sul	2,80	4,52	6,70	6,81	8,25	4,9	3,6	0,2	1,9	2,7
15	**BRASIL**	**3,64**	**5,44**	**6,43**	**6,67**	**8,14**	**4,1**	**1,5**	**0,4**	**2,0**	**2,0**
16	Tocantins	2,11	3,87	4,43	5,42	7,90	6,3	1,2	2,3	3,8	3,4
17	Rondônia	3,23	4,60	5,37	6,30	7,86	3,6	1,4	1,8	2,2	2,2
18	Amazonas	3,26	5,24	5,90	6,12	7,83	4,9	1,1	0,4	2,5	2,2
19	Roraima	2,99	5,05	5,85	6,30	7,78	5,4	1,3	0,8	2,1	2,4
20	**Norte**	**3,09**	**4,76**	**5,40**	**5,99**	**7,52**	**4,4**	**1,1**	**1,2**	**2,3**	**2,2**

(cont.)

Ordem do IDS de 2010	Brasil, regiões e estados	IDS, anos					Crescimento médio anual (%)				
		1970	1980	1991	2000	2010	1970-1980	1980-1991	1991-2000	2000-2010	1970-2010
MÉDIO-BAIXO DESENVOLVIMENTO SOCIAL (IDS de 2010 menor que 7,50 e igual ou maior que 5,00)											
21	Acre	2,58	4,32	5,19	5,61	7,41	5,3	1,7	0,9	2,8	2,7
22	Bahia	2,38	4,10	5,07	5,39	7,41	5,6	1,9	0,7	3,2	2,9
23	Ceará	1,51	3,20	4,84	5,38	7,27	7,8	3,8	1,2	3,1	4,0
24	Amapá	3,20	5,04	6,00	6,37	7,26	4,7	1,6	0,7	1,3	2,1
25	Rio Grande do Norte	1,20	3,29	5,03	5,55	7,24	10,6	3,9	1,1	2,7	4,6
26	Pará	3,12	4,63	5,17	5,69	7,21	4,0	1,0	1,1	2,4	2,1
27	Sergipe	2,13	3,94	5,49	5,63	7,15	6,3	3,1	0,3	2,4	3,1
28	Nordeste	1,89	3,60	4,90	5,30	7,05	6,6	2,8	0,9	2,9	3,3
29	Pernambuco	2,09	3,82	5,23	5,46	6,95	6,2	2,9	0,5	2,4	3,1
30	Piauí	1,22	3,36	4,57	4,85	6,85	10,7	2,8	0,7	3,5	4,4
31	Maranhão	2,13	3,40	4,28	4,69	6,76	4,8	2,1	1,0	3,7	2,9
32	Paraíba	1,28	2,96	4,71	5,22	6,72	8,8	4,3	1,1	2,6	4,2
33	Alagoas	1,87	3,32	4,70	4,71	6,41	5,9	3,2	0,0	3,1	3,1

FONTES: Anexo V e Apêndice Metodológico.

A década de 1970 foi a que apresentou melhor desempenho social relativo, com crescimento anual do IDS de 4,1% para o Brasil, comparados com 1,5%% em 1980-1991, 0,4% em 1991-2000 e 2,0% em 2000-2010. As performances das regiões e dos estados seguem em geral esse mesmo padrão.

O Gráfico 15 traça a evolução do IDS, para o Brasil e suas regiões, ao longo do período 1970-2010.

GRÁFICO 15
BRASIL E REGIÕES: EVOLUÇÃO DO IDS (1970-2010)

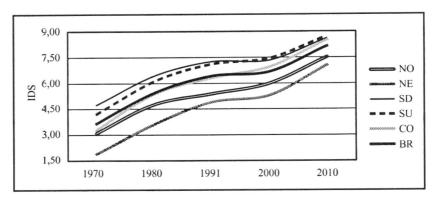

O IDS: ANÁLISE DOS COMPONENTES

As Tabelas 11 a 15 apresentam, de forma resumida, os dados considerados mais relevantes relativos aos cinco componentes e 12 subcomponentes do IDS.

SAÚDE: CONVERGÊNCIA

O componente ou Índice de Saúde, IS, para o país, regiões e estados (2010), bem como os subcomponentes esperança de vida ao nascer e taxa de sobrevivência infantil, constam da Tabela 11, mantida a ordenação decrescente segundo o IDS adotada desde a Tabela 10.

Os dois líderes em saúde são, entre os estados, Santa Catarina e Rio Grande do Sul, ambos com IS de 9,95, seguidos pelo Distrito Federal, com IS de 9,93. Os lanterninhas são Alagoas (IS de 7,89), Maranhão (8,25) e Pernambuco (8,38). O Sul é a região com maior IS (9,85) e o Nordeste tem o menor deles (8,70). No ranking geral, o Brasil está em 15° lugar (IS de 9,47). É importante ressaltar a convergência que se produziu ao longo do tempo entre os IS: para os estados, o coeficiente de variação, V, caiu de 50,3% em 1970 para apenas 6,0% em 2010.

É grande a amplitude de variação da taxa de crescimento do IS no período 1970-2010 (coluna 4, Tabela 11). Por estados, enquanto os IS do Rio Grande do Norte e da Paraíba evoluíram a surpreendentes 41% e 28% ao ano, respectivamente (com os de Alagoas e Pernambuco avançando a 14% e 11%), o do Rio Grande do Sul cresceu a apenas 1,4% ao ano, o de Santa Catarina, a 1,6%, e o de São Paulo, a 1,7%. Apontando para correlação inversa entre o nível do IS em 2010 e seu crescimento em 1970-2010 (R igual a -0,453; R^2, igual a 0,206).

A coluna 5 da Tabela 11 revela que as condições de saúde são relativamente muito melhores do que o nível de desenvolvimento social medido pelo IDS no Pará, Minas Gerais e em Mato Grosso do Sul, mas relativamente muito piores em Mato Grosso, Tocantins e Ceará (são esses os casos extremos).[43]

As duas últimas colunas da Tabela 12 trazem os subcomponentes do IS para 2010: a esperança de vida ao nascer, em anos, e a taxa de sobrevivência infantil (o complemento para 100 da taxa de mortalidade infantil). É positiva e elevada a correlação entre esses dois indicadores, com R sendo 0,875 e R^2, 0,766.

---

[43]Note-se que a correlação entre o IDS e do IS é, compreensivelmente, muito elevada (R igual a 0,926 e R^2 igual a 0,858 para 2010).

TABELA 11
O COMPONENTE SAÚDE (IS) DO IDS E SUBCOMPONENTES: BRASIL, REGIÕES E ESTADOS

Ordem do IDS	Brasil, regiões e estados	Componente saúde		Ordem do IDS menos ordem do IS	Subcomponentes, 2010	
		Índice (IS) 2010	Crescimento 1970-2010		Esperança de vida (anos)	Sobrevivência infantil (por 100)
ALTO DESENVOLVIMENTO SOCIAL (IDS de 2010 igual ou maior que 8,50)						
1	Distrito Federal	9,93	2,2	-2	75,8	98,5
2	Santa Catarina	9,95	1,6	0	75,8	98,6
3	São Paulo	9,80	1,7	-2	74,8	98,6
4	Sul	9,85	1,6	0	75,2	98,5
5	Rio Grande do Sul	9,95	1,4	4	75,5	98,8
6	Paraná	9,72	1,8	-1	74,7	98,3
8	Mato Grosso	9,51	1,7	-6	73,7	98,1
7	Sudeste	9,71	1,9	-1	74,6	98,4
8	Mato Grosso	9,51	1,7	-6	73,7	98,1
9	Centro-Oeste	9,64	1,9	-2	74,3	98,3
MÉDIO-ALTO DESENVOLVIMENTO SOCIAL (IDS de 2010 menor que 8,50 e igual ou maior que 7,50)						
10	Espírito Santo	9,64	1,7	0	74,3	98,3
11	Rio de Janeiro	9,53	1,8	-2	73,7	98,2
12	Minas Gerais	9,74	2,2	6	75,1	98,2
13	Goiás	9,56	2,0	1	73,9	98,2
14	Mato Grosso do Sul	9,66	1,8	5	74,3	98,4
15	BRASIL	9,47	2,3	0	74,0	97,8
16	Tocantins	9,07	3,0	-4	71,9	97,5
17	Rondônia	9,12	2,0	-2	71,8	97,8
18	Amazonas	9,15	2,0	0	72,2	97,7
19	Roraima	9,03	2,3	-3	70,6	98,2
20	Norte	9,16	2,1	3	72,2	97,7
MÉDIO-BAIXO DESENVOLVIMENTO SOCIAL (IDS de 2010 menor que 7,50 e igual ou maior que 5,00)						
21	Acre	9,00	2,0	-2	72,0	97,2
22	Bahia	9,04	3,1	1	72,6	97,0
23	Ceará	8,88	6,7	-4	71,0	97,3
24	Amapá	8,99	2,0	0	71,0	97,8
25	Rio Grande do Norte	8,89	40,9	-1	71,7	96,9
26	Pará	9,22	2,0	10	72,5	97,8
27	Sergipe	8,89	4,7	2	71,6	97,0
28	Nordeste	8,70	5,2	-1	70,4	97,0
29	Pernambuco	8,38	11,4	-2	69,1	96,6
30	Piauí	8,70	2,8	2	69,7	97,5
31	Maranhão	8,25	2,7	-1	68,4	96,5
32	Paraíba	8,51	28,3	2	69,8	96,6
33	Alagoas	7,89	13,9	0	67,6	95,5

FONTES: Anexo V e Apêndice Metodológico.

EDUCAÇÃO: RÁPIDO CRESCIMENTO

A Tabela 12 retrata, adotada a mesma sistemática da Tabela 11, o componente educação do IDS, bem como seus subcomponentes.

TABELA 12
O COMPONENTE EDUCAÇÃO (E SUBCOMPONENTES) DO IDS:
BRASIL, REGIÕES E ESTADOS

Ordem do IDS	Brasil, regiões e estados	Componente educação		Ordem do IDS menos ordem do IE	Subcomponentes, 2010	
		Índice (IS) 2010	Crescimento 1970-2010		Taxa de alfabetização (%)	Média de anos de estudo
ALTO DESENVOLVIMENTO SOCIAL (IDS de 2010 igual ou maior que 8,50)						
1	Distrito Federal	9,96	1,8	0	96,4	9,4
2	Santa Catarina	8,36	2,5	-1	95,5	8,0
3	São Paulo	8,77	1,8	1	94,8	8,4
4	Sul	7,97	2,3	-2	94,5	7,7
5	Rio Grande do Sul	7,89	1,9	-3	94,9	7,6
6	Paraná	7,92	2,9	-1	93,3	7,7
7	Sudeste	8,17	1,9	2	94,1	7,9
8	Mato Grosso	7,23	3,7	-8	90,8	7,2
9	Centro-Oeste	7,86	3,2	0	92,2	7,7
MÉDIO-ALTO DESENVOLVIMENTO SOCIAL (IDS de 2010 menor que 8,50 e igual ou maior que 7,50)						
10	Espírito Santo	7,45	2,7	-3	90,7	7,4
11	Rio de Janeiro	8,33	1,6	7	95,1	8,0
12	Minas Gerais	7,13	2,4	-5	90,9	7,1
13	Goiás	7,47	3,8	1	91,0	7,4
14	Mato Grosso do Sul	7,08	3,3	-4	92,2	7,0
15	BRASIL	7,32	2,2	1	90,4	7,3
16	Tocantins	6,76	9,2	-5	85,9	7,0
17	Rondônia	7,05	2,7	-2	91,1	7,03
18	Amazonas	7,29	2,7	3	92,0	7,2
19	Roraima	7,69	3,0	8	91,0	7,6
20	Norte	6,84	2,8	0	89,5	6,9
MÉDIO-BAIXO DESENVOLVIMENTO SOCIAL (IDS de 2010 menor que 7,50 e igual ou maior que 5,00)						
21	Acre	6,68	8,0	-1	86,5	6,9
22	Bahia	5,64	3,5	-6	83,4	6,1
23	Ceará	5,77	3,7	-3	81,6	6,3
24	Amapá	7,84	2,8	14	96,2	7,5
25	Rio Grande do Norte	5,72	4,0	-2	80,7	6,3
26	Pará	6,23	2,5	3	88,4	6,4
27	Sergipe	5,99	5,0	2	83,9	6,4
28	Nordeste	5,53	3,7	-1	81,3	6,1
29	Pernambuco	6,06	2,8	5	82,9	6,5
30	Piauí	4,61	5,9	-3	76,3	5,5
31	Maranhão	5,42	9,6	1	81,2	6,0
32	Paraíba	5,10	4,1	1	77,2	5,9
33	Alagoas	4,66	4,5	1	74,9	5,6

FONTES: Anexo V e Apêndice Metodológico.

O Índice de Educação, IE, para o Brasil em 2010, 7,32, situa o país na 14ª posição, uma casa acima da obtida segundo o IDS (a 15ª, determinando o valor 1 na coluna 5 da tabela).

As melhores classificações pelo IE são obtidas pelo Distrito Federal (nota 9,96), São Paulo (8,77) e Santa Catarina (8,36). As piores cabem ao Piauí (4,61), Alagoas (4,66) e Paraíba (5,10). O IE regional mais elevado é o do Sudeste (nota 8,17), o mais baixo, o do Nordeste (5,53). Observe-se a grande amplitude de variação entre os valores máximos e mínimos do IE — confirmada por um V (estados) que, tendo sido de 56,6% em 1970, se reduziu lentamente ao longo dos anos, chegando a 18,8% em 2010, mais do triplo do valor de V alcançado nesse ano pelo Índice de Saúde.

Foi bastante elevado o crescimento do IE no período 1970-2010. Ele evoluiu, no Brasil, a 2,2% ao ano. As maiores taxas estaduais de crescimento foram obtidas pelo Maranhão (9,6% anuais), Tocantins (9,2% anuais), Acre (8,0%), Piauí (5,9%) Sergipe (5,0%) e Alagoas (4,5%). As menores taxas ocorreram no Rio de Janeiro (1,6%), Distrito Federal e São Paulo (ambos com 1,8%) e Rio Grande do Sul (1,9%).

Repete-se nas regiões, embora menos intensamente, a convergência inter-regional dos níveis de desenvolvimento já observada entre os estados. V foi, em 1970, de 38,6% para as regiões, caindo para 15,2% em 2010. Os maiores crescimentos do IE entre as regiões ocorreram no Nordeste (3,7% ao ano), Centro-Oeste (3,2%) e Norte (2,8%), com o Sul exibindo crescimento de 2,3% anuais e o Sudeste, de 1,9%.

Note-se ainda que os estados do Amapá, Roraima e Rio de Janeiro se classificam muito melhor pelo IE do que pelo IDS (refletindo seja o peso demográfico relativamente alto dos aglomerados urbanos do Rio de Janeiro, Macapá e Boa Vista, seja uma "baixa produtividade" da educação quando medida pelo desempenho social correspondente), o contrário ocorrendo com Mato Grosso, Bahia e Tocantins.

As colunas 6 e 7 da Tabela 12 apresentam os valores obtidos para os dois componentes do IE em 2010: a taxa de alfabetização e a média de anos de estudo. A correlação entre elas é mais elevada do que a verificada para os componentes do IS, com R sendo 0,907 e R^2, 0,822.

Trabalho: desempenho instável

A Tabela 13 apresenta o componente trabalho e seus subcomponentes: as taxas de atividade e de ocupação.

O Índice de Trabalho, IT, de 2010 foi, para o Brasil, de 7,89. Por regiões, a primazia está com a região Sul (8,87), que é seguida pelo Centro-Oeste (8,50), Sudeste (7,85), Norte (7,69), e Nordeste (7,29). Por estados, os três primeiros colocados foram Santa Catarina (9,55), Rondônia (9,14%) e Tocantins (9,09%).

O IT cresceu, no país, a apenas 1,6% ao ano entre 1970 e 2010. Essa evolução foi um pouco mais robusta, entre as regiões, no Nordeste (2% ao ano) e mais débil no Sudeste (1,5%). Variando bastante entre os estados em decorrência dos desempenhos lábeis da economia — muitas vezes influenciados por fatores conjunturais atuando localmente.

É por essa razão que a correlação entre o IDS e o IT é baixa, com R de apenas 0,601 para o país, regiões e estados, e R^2 de 0,362.

A taxa de ocupação, o segundo subcomponente do IT e que responde por grande parte de sua trajetória volátil, merece exame mais detido.

De um lado, são fracas suas interações com os demais componentes e subcomponentes do IDS. De outro lado, ela retrata um problema, o do desemprego ou desocupação, que tem mantido posição central nos debates sobre a questão social brasileira desde meados dos anos 1980.

É que a variável taxa de ocupação — de que a desocupação, ou desemprego em sentido amplo é o complemento para 1 — é tipicamente uma medida de desempenho associada ao nível da atividade produtiva.[44] Variando, portanto, com as conjunturas econômicas erráticas do país, suas regiões e estados.

A última coluna da Tabela 13 traz estimativa para as taxas de ocupação para 2010, podendo-se, a partir delas, estimar as taxas de desocupação correspondentes.[45]

---

[44]Veja-se, para as correlações entre crescimento econômico e evolução da taxa de ocupação, "A questão social: balanço de cinco décadas..." — cf. Albuquerque (2005).

[45]Ainda não dispomos de taxas de desocupação ou desemprego para o país, suas regiões e estados relativas a 2010 (os dados disponíveis, da Pesquisa Mensal de Emprego, do IBGE, dizem respeito apenas às regiões metropolitanas.). Os dados apresentados são, portanto, projeções de tendência baseadas nas Pnads de 2008-9.

Por esses dados, sabemos que o desemprego no país em 2010 era de 6,1% da população economicamente ativa, PEA, oscilando de 6,7% no Sudeste e no Nordeste, a 6,3% no Norte, 5,6% no Centro-Oeste e a 3,7% no Sul.

Esse quadro ganha mais nitidez com o auxílio do Gráfico 16, que apresenta a evolução da taxa de desocupação para o país e regiões em 1970-2010.

No caso do Brasil, esse indicador decresceu de 9,7% em 1970 para 2,2% em 1980, nível de desemprego considerado de natureza apenas friccional. Mas, numa espécie de viagem redonda, elevou-se para 5,4% em 1991 e 15,3% em 2000. Recuando desde então, para 9,3% em 2005, 8,3% em 2009 e 6,1% em 2010.[46]

Por regiões, havia, em 1970, considerável heterogeneidade, com o Nordeste em um extremo, com desemprego de 15,9% (associado à grande insuficiência de base econômica que aquela região então apresentava, além do impacto das secas desse ano), o Sudeste no outro, com 6,6% de desocupados. É de notar que o Centro-Oeste de 1970 — um Centro-Oeste anterior à revolução agroindustrial que somente ali despontaria no correr dos anos 1970 — exibiu taxa de desemprego de 11,5% Dez anos depois, graças ao ritmo acelerado com que evoluiu a economia, chegou-se virtualmente ao pleno emprego de 1980, com taxas de desocupação de 1,6% no Sul, 2,1% no Sudeste e Centro-Oeste, 2,2% no Norte e 2,9% no Nordeste, malgrado essa última região então padecer nova crise cíclica de secas.

---

[46]Em 2009, o número de desempregados era da ordem de 8,4 milhões.

TABELA 13
O COMPONENTE TRABALHO (E SUBCOMPONENTES) DO IDS: BRASIL, REGIÕES E ESTADOS

Ordem do IDS	Brasil, regiões e estados	Componente trabalho		Ordem do IDS menos ordem do IT	Subcomponentes, 2010	
		Índice (IT) 2010	Crescimento 1970-2010		Taxa de atividade (%)	Taxa de ocupação (%)
ALTO DESENVOLVIMENTO SOCIAL (IDS de 2010 igual ou maior que 8,50)						
1	Distrito Federal	7,41	1,2	-23	62,2	90,9
2	Santa Catarina	9,55	1,8	1	69,4	97,0
3	São Paulo	7,75	1,3	-16	62,7	92,5
4	Sul	8,87	1,6	-1	65,9	96,3
5	Rio Grande do Sul	8,75	1,6	-1	65,3	96,2
6	Paraná	8,59	1,4	-4	64,5	96,0
7	Sudeste	7,85	1,5	-11	62,6	93,3
8	Mato Grosso	9,01	1,4	4	67,0	96,1
9	Centro-Oeste	8,50	1,9	-5	65,6	94,4
MÉDIO-ALTO DESENVOLVIMENTO SOCIAL (IDS de 2010 menor que 8,50 e igual ou maior que 7,50)						
10	Espírito Santo	8,57	1,8	-1	66,0	94,3
11	Rio de Janeiro	6,99	1,4	-16	57,7	93,0
12	Minas Gerais	8,61	2,0	3	65,6	95,0
13	Goiás	8,69	2,2	6	66,6	94,5
14	Mato Grosso do Sul	8,55	6,9	2	64,8	95,5
15	BRASIL	7,89	1,6	-2	62,2	93,9
16	Tocantins	9,09	1,8	13	67,7	95,9
17	Rondônia	9,14	2,0	15	68,4	95,4
18	Amazonas	7,48	1,6	-5	61,6	91,9
19	Roraima	6,96	1,6	-9	57,6	92,8
20	Norte	7,69	1,6	0	61,3	93,7
MÉDIO-BAIXO DESENVOLVIMENTO SOCIAL (IDS de 2010 menor que 7,50 e igual ou maior que 5,00)						
21	Acre	8,67	1,8	13	64,9	96,2
22	Bahia	8,01	1,8	6	63,9	92,9
23	Ceará	8,12	2,9	8	62,3	95,4
24	Amapá	5,42	1,5	-9	51,7	89,1
25	Rio Grande do Norte	7,49	3,6	0	61,4	92,3
26	Pará	7,35	1,5	4	59,1	93,7
27	Sergipe	7,58	1,9	6	63,4	90,7
28	Nordeste	7,29	2,0	2	59,1	93,3
29	Pernambuco	5,96	1,6	-3	54,2	90,0
30	Piauí	8,52	6,9	17	62,3	97,9
31	Maranhão	6,89	1,3	2	55,2	95,0
32	Paraíba	5,99	2,1	2	50,6	94,0
33	Alagoas	5,98	1,3	2	52,3	92,2

FONTES: Anexo V e Apêndice Metodológico.

GRÁFICO 16
BRASIL E REGIÕES: EVOLUÇÃO DA TAXA DE DESOCUPAÇÃO, 1970-2010

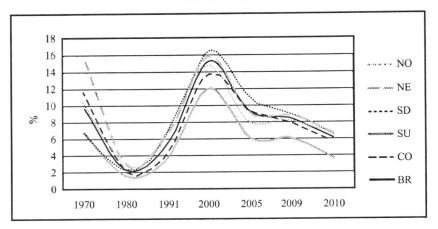

Em 2000, foi o Sudeste, à frente da crise de crescimento, que liderou o desemprego, que chegou a 16,4% nessa região, sendo acompanhado de perto pelo Nordeste (15,9%). Na virada do século, a escassez de empregos, associada à pobreza e à desigualdade, ocupavam o cerne da questão social brasileira.

Esses seriam os grandes desafios enfrentados ao longo da primeira década deste século, em boa parte vitoriosos.

No que respeita aos estados, em 2010 o Amapá ainda apresentava taxa de desocupação de 10,9%, seguido por Pernambuco (10%), Sergipe (9,3%), Distrito Federal (9,1%), Amazonas (8,1%), Alagoas (7,8%) e São Paulo (7,5%). Na outra ponta se encontravam o Piauí, com 2,1%, Santa Catarina (3,0%), o Rio Grande do Sul e o Acre (ambos com 3,8%), além de Mato Grosso (3,9%).

RENDIMENTO: EXPANSÃO LENTA, DESIGUALDADE ELEVADA

O componente rendimento e seus subcomponentes constam da Tabela 14.

O Índice de Rendimento, IR, para o Brasil em 2010 é de 6,66, com o do Sudeste sendo 7,57, o do Sul, 7,40, o do Centro-Oeste, 7,13, o do Norte, 5,55, e o do Nordeste, 4,82.

Os campeões entre os estados são o Distrito Federal, com 8,26 (devido ao fato de seu PIB per capita ser quase o dobro do segundo maior, o paulista), São Paulo (8,10) e Santa Catarina (7,83). Os lanterninhas são o Piauí (4,24), o Maranhão (4,32) e a Paraíba (4,34).

O IR cresceu, no país, a 1,6% ao ano entre 1970 e 2010, refletindo duas tendências pesadas: o baixo crescimento do PIB dos anos 1980-2000 e o continuado agravamento, até fins dos anos 1990, das desigualdades interpessoais de renda.

Cresceram segundo o IR mais do que o país o Nordeste (2,0% ao ano em 1970-2010) e o Centro-Oeste (1,9%); no mesmo nível do país, o Norte e o Sul (ambos 1,6% anuais). O Sudeste, epicentro da crise econômica do final do século, avançou menos: a 1,4% anuais.

Entre os estados, estiveram na dianteira o Tocantins e o Piauí (ambos com 3,5%), a Paraíba (3,0%) e o Ceará (2,9%). Atrasaram-se relativamente mais São Paulo, Rio de Janeiro e Acre (todos com 1,2% anuais) e o Distrito Federal, Rondônia e Mato Grosso do Sul (todos com 1,3%).

Da fraca correlação entre o IDS e do IR resultaram R de 0,602 e R^2 de 0,362 (para estados, regiões e país).

O coeficiente de igualdade, CI, que integra o componente rendimento, nada mais é do que o complemento para 1 do coeficiente de Gini (calculado para a renda domiciliar per capita). Cabe examiná-lo mais detidamente (embora apenas para as regiões), dada sua indiscutível importância para o desenvolvimento social.

TABELA 14
O COMPONENTE RENDIMENTO (E SUBCOMPONENTES) DO IDS:
BRASIL, REGIÕES E ESTADOS

Ordem do IDS	Brasil, regiões e estados	Componente rendimento		Ordem do IDS menos ordem do IR	Subcomponentes, 2010	
		Índice (IR) 2010	Crescimento 1970-2010		PIB per capita ($PPC de 2009)	Coeficiente de igualdade
	ALTO DESENVOLVIMENTO SOCIAL (IDS de 2010 igual ou maior que 8,50)					
1	Distrito Federal	8,26	1,3	0	32.706	3,81
2	Santa Catarina	7,83	1,8	-1	14.064	5,54
3	São Paulo	8,10	1,2	1	17.335	5,31
4	Sul	7,40	1,6	-1	13.071	5,20
5	Rio Grande do Sul	7,35	1,4	-1	13.298	5,09
6	Paraná	7,22	1,8	-2	12.243	5,15
7	Sudeste	7,57	1,4	3	15.071	5,02
8	Mato Grosso	6,66	1,9	-3	12.427	5,48
9	Centro-Oeste	7,13	1,9	0	14.150	4,55
	MÉDIO-ALTO DESENVOLVIMENTO SOCIAL (IDS de 2010 menor que 8,50 e igual ou maior que 7,50)					
10	Espírito Santo	7,26	1,9	3	14.181	4,66
11	Rio de Janeiro	7,04	1,2	1	15.298	4,61
12	Minas Gerais	6,65	1,9	-1	10.279	4,93
13	Goiás	6,48	2,2	-1	8.939	5,02
14	Mato Grosso do Sul	6,42	1,3	-2	9.648	4,89
15	BRASIL	6,66	1,6	3	11.333	4,68
16	Tocantins	5,72	3,5	-3	6.746	4,92
17	Rondônia	6,02	1,3	0	8.173	4,77
18	Amazonas	6,42	1,5	3	9.590	4,83
19	Roraima	6,01	1,0	1	7.725	4,90
20	Norte	5,55	1,6	0	6.952	4,63
	MÉDIO-BAIXO DESENVOLVIMENTO SOCIAL (IDS de 2010 menor que 7,50 e igual ou maior que 5,00)					
21	Acre	4,40	1,2	-9	6.548	3,38
22	Bahia	5,17	2,0	0	6.178	4,53
23	Ceará	4,76	2,9	-5	5.072	4,44
24	Amapá	5,08	1,5	0	7.213	4,95
25	Rio Grande do Norte	4,85	2,7	-1	5.734	4,40
26	Pará	5,19	1,5	4	5.498	3,90
27	Sergipe	4,88	2,0	2	6.741	4,66
28	Nordeste	4,82	2,0	1	5.339	4,36
29	Pernambuco	5,10	1,8	6	5.710	4,41
30	Piauí	4,24	3,5	-3	3.831	4,08
31	Maranhão	4,32	1,6	-1	4.177	4,45
32	Paraíba	4,34	3,0	1	4.864	4,06
33	Alagoas	4,43	1,6	4	4.449	3,95

FONTES: Anexo V e Apêndice Metodológico.

O Gráfico 17 traça a evolução desse indicador para o Brasil e regiões no período 1970-2010. Note-se que, em 1970, o valor mais baixo do coeficiente de igualdade era o brasileiro (3,61), o mais alto (4,57), o de um Norte com economia ainda dominantemente extrativista.

A tendência revelada pelo Brasil foi de relativo agravamento da desigualdade até fins dos anos 1990 e de queda gradual desde então.[47]

GRÁFICO 17
BRASIL E REGIÕES: TAXA DE IGUALDADE, 1970-2010

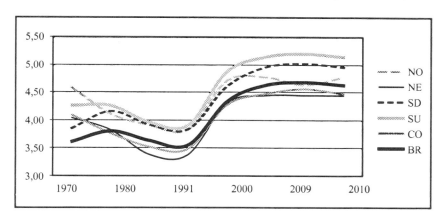

---

[47]Tal como concebido, o coeficiente de igualdade também pode variar de 0 a 10. À medida que seu valor se eleva, maior é o grau de igualdade na distribuição da renda. A grande maioria dos países apresenta coeficientes de igualdade superiores a 5 (ou seja, coeficientes de Gini inferiores a 0,500). O Brasil, entretanto, como sabido, vem exibindo desde pelo menos 1970, valores de Gini superiores a 0,5, de que resultam coeficientes de igualdade inferiores a 5. É importante, ademais, ressaltar que os dados sobre rendimento utilizados neste estudo são, consistentemente com os demais dados de base demográfica, os produzidos pelos censos de 1970 a 2000, complementados pelos das Pnads (para os anos 2005-2009). Os cálculos dos coeficientes de Gini e dos CIs obtidos para 1970 e 1980 resultaram de tabulações especiais feitas pelo Ipea em 1991-2 — cf. ALBUQUERQUE (1993). Os coeficientes de Gini delas obtidos para o Brasil em 1970 e 1980 foram 0,639 e 0,620, respectivamente, tendo-se registrado, no período, queda de 37,7% para 36,3% na participação, na renda total, dos 5% mais ricos e aumento de 6,7% para 7,5% na participação dos 40% mais pobres. As estimativas para 1991 e 2000 também foram elaboradas pelo Ipea (fonte: Ipeadata). Elas correspondem ao conceito de renda domiciliar per capita, de que geralmente resultam, no caso brasileiro, Ginis mais elevados do que os calculados com base no rendimento das pessoas ou mesmo das famílias: refletindo o fato de os domicílios pobres terem maior número de pessoas sem rendimento. A renda domiciliar per capita é o conceito mais consistente para os fins deste estudo. Cf., a propósito dessa questão, é certo que examinando apenas os casos das rendas pessoal e familiar, ROCHA (2003), p. 35-9.

Entre 1970 e 1980, o coeficiente de igualdade para o país elevou-se para 3,80,[48] refletindo essencialmente o ocorrido no Sudeste (elevação de 3,85 para 4,16). Ele, porém, decresceu no Norte (de 4,57 para 4,11), no Centro-Oeste (de 4,09 para 3,76) e Nordeste (de 4,04 para 3,82), mantendo-se estável no Sul (em 4,26).

O período que medeia entre 1980 e 2000 foi de grande agravamento das desigualdades para o país (com o coeficiente de igualdade caindo em 2000 para 3,55) e, em maior ou menor grau, para as regiões. Contudo, a partir de 2000 (ou, mais precisamente, 1997), ocorreu melhora significativa e continuada nesse indicador, que se elevou no país de 3,55 em 2000 para 4,63 em 2009 e estimados 4,68 em 2010, no que foi acompanhado, com maior ou menor intensidade, pelas regiões.

Cabe lembrar que o coeficiente de igualdade (ou o coeficiente de Gini, seu complemento para 1) são indicadores de estrutura, e não de desempenho. Como tais, eles comumente espelham legados fortemente enraizados na sociedade, que refletem tendências pesadas o suficiente para inibir ou retardar quaisquer alterações mais abruptas nas características do organismo social que eles espelham.

O que sobressai na herança histórica que o século XX recebeu da Colônia e do Império são o latifúndio, o regime de trabalho escravo e a monocultura de exportação — fatores muito mais fortemente determinantes da formação social brasileira do que de sua economia.

À casa-grande e à senzala corresponderam ao senhor e ao escravo, emblemas e estigmas da sociedade brasileira. Não há como esperar de organização social neles fundada impulsos igualitários. Sobretudo quando a Abolição (1888), alforria apenas jurídica, foi pragmaticamente nula como projeto de inserção econômica e social. Esvaziou senzalas para multiplicar mocambos e favelas.

---

[48]Cabe mencionar que alguns autores encontram discreta elevação no coeficiente de Gini para o Brasil (considerando o rendimento das pessoas com renda e não — como neste livro — a renda domiciliar per capita) entre 1970 e 1980. Entre eles, BONELLI & SEDLACEK (variação no Gini de 0,57 em 1970 para 0,58 em 1980, comparada com variação de 0,50 para 0,57 na década de 1960) e BARROS & MENDONÇA (Gini de 0,56 em 1970 e de 0,59 em 1980).

Doze anos depois dela, o Censo de 1900 revelava que 2/3 da população de 15 anos e mais ainda eram analfabetos: entre eles, a quase totalidade dos ex-escravos e a grande maioria dos mulatos e outros mestiços.

Densa sombra de iniquidade pesou, portanto, sobre toda a Primeira República (1889-1930), na qual prevaleceram situações, diversas mas dominantes, de semisservidão, explicando a elevada concentração da riqueza, sobretudo a fundiária; alimentando preconceito arcaico contra o trabalho manual ou mecânico; aviltando os salários.

Na segunda metade do século, mais modernizadora no que respeita, por exemplo, às relações de trabalho e à vigência dos direitos sociais, uma outra característica do desenvolvimento nacional sobreveio como inesperado reforço à conservação da desigualdade: a industrialização substitutiva de importações.

Sua viabilidade repousou em mercado interno preexistente, antes atendido por importações. A despeito do grande impulso que deu ao crescimento, pouco interessou a esse modelo uma melhor distribuição de renda.

Isso porque a demanda interna pelos produtos industrializados cuja importação ele buscou substituir assentava-se em um perfil distributivo que, se alterado em direção a maior igualdade, poderia estreitar o mercado desses bens, de maior valor e menor essencialidade: os bens duráveis de consumo, os bens intermediários neles contidos.

O mercado da indústria "tradicional", de produtos de menor valor e mais necessários (alimentos, têxteis, calçados), que esperasse. Somente num segundo momento, indefinido no tempo, o mercado deveria expandir-se como um todo: com impulso dado à economia pela nova mola do crescimento: a indústria "moderna", substitutiva de importações.

Altamente protegida da competição externa, concentrada espacialmente (com epicentro em São Paulo), a indústria substitutiva de importações engendrou processos de diferenciação estrutural da produção e clivagens no mercado de trabalho que redundaram tanto no agravamento da distribuição interpessoal da renda do Sudeste quanto na ampliação dos desequilíbrios inter-regionais (em particular, entre o Sudeste e o Norte-Nordeste).

Da conjunção desses processos econômico-sociais muito provavelmente resultou o aumento no coeficiente de Gini observado entre 1960 e 1970 para o país como um todo: de 0,497 para 0,565, se consideradas as rendas das pessoas de 10 anos e mais com rendimento; ou de 0,562 para 0,639, se considerada a renda domiciliar per capita (ou seja: 4,38 e 3,61, respectivamente, para os coeficientes de igualdade, CIs, correspondentes).[49]

Esse mesmo modelo, repensado para substituir importações inter-regionais (provindas sobretudo do Sudeste), foi parcial e fragmentariamente reproduzido no Nordeste no período 1960-1985, alavancado por poderosos estímulos fiscais e financeiros comandados pela Sudene. Estimulou o crescimento, impediu o avanço dos desequilíbrios regionais, mas engendrou diferenciações estruturais na produção e segmentações no mercado de trabalho que possivelmente geraram, nos anos 1970 e 1980, os significativos aumentos nas desigualdades interpessoais de renda já observados naquela região.

Fenômenos semelhantes ocorreram no Norte (particularmente no Amazonas, com a Zona Franca de Manaus) e, a partir de meados dos anos 1970, no Centro-Oeste (com a "revolução dos cerrados", comandada pela expansão da soja e subprodutos, bem como da pecuária).

Subjacente a tudo isso jaz rápida transição demográfica acompanhada de importantes migrações internas. Concentrando-se entre 1940 e 1980 (foi na década de 1950 que ocorreram os mais altos níveis de expansão populacional), aliada a grandes migrações internas, inter-regionais e do campo para as cidades, ela contribuiu importantemente para acentuar ou manter a concentração da renda. Cresceu a taxa de atividade da população. Avançou célere a procura por emprego: atendida nas décadas de 1960 e 1970, quando foi acelerado o ritmo da economia; cada vez menos durante a crise de crescimento dos anos 1980 e 1990, quando se acumulou a desocupação.

---

[49]Cf. BOLLENI & SEDLACEK, para os Ginis baseados na renda da PEA com rendimento, e IPEA e ALBUQUERQUE (1993) para os Ginis baseados na renda domiciliar per capita.

O mercado de trabalho tendeu naturalmente a nivelar-se por baixo: do lado da procura, a baixa qualificação; do lado da oferta, o salário baixo.

Tomou corpo a urbanização excessiva, resultante do descompasso entre a frágil base econômica e a explosão demográfica das cidades. Surgiu o fenômeno das "cidades inchadas", mais visível, pela dimensão e gravidade, nas aglomerações urbanas de maior porte. Gerando subocupação, sub-renda, desemprego, marginalidade.[50]

Tudo indica que, depois dessa longa saga, o Brasil atingiu nos anos 1990 o patamar de máxima desigualdade representado pelo "U" invertido de Kusnets e Willianson, que representa o que seria o traçado histórico típico do coeficiente de Gini.[51]

Ou seja, no processo de desenvolvimento brasileiro, o de uma economia continental, teria ocorrido, num primeiro momento de grandes desequilíbrios de produtividade intersetorial e inter-regional (dos anos 1950 aos anos 1990), importante agravamento das desigualdades de renda. Até atingir-se — em 1997 — um cume a partir do qual se passou a obter ganhos sensíveis em termos da equidade social quando mensurada pelo coeficiente de Gini (ou pelo coeficiente de igualdade).

É o que sugerem os dados e considerações supracitadas, corroborados pelos coeficientes de Gini estimados nos últimos anos a partir das Pnads.[52]

Pena que essa auspiciosa conquista tenha começado a manifestar-se em período de virtual estagnação do PIB per capita, gerando o que se poderia chamar de redistribuição estática de renda.

---

[50]Para uma análise mais detida desses fatores de desigualdade, cf. ALBUQUERQUE (1993). Deve-se a Gilberto Freyre a expressão "cidades inchadas".

[51]Cf. KUZNETS (1966 e1971), e WILLIANSON. A propósito do Brasil, ver TOLOSA.

[52]Os coeficientes de Gini, calculados para o Brasil e divulgados nas Pnads, calculados a partir dos rendimentos reais médios mensais dos domicílios particulares foram 0,568 (1996), 0,573 (1977), 0,566 (1998), 0,560 (1999), 0,558 (2001), 0,553 (2002), 0,545 (2003), 0,535 (2004), 0,532 (2005), 0,528 (2006), 0,520 (2007), 0,514 (2008) e 0,509 (2009). Embora não sejam comparáveis com os utilizados neste estudo, eles também apontam redução consistente, desde 1997, das desigualdades interdomiciliares de renda — ver IBGE, Pnads (1997-2009).

Com efeito, se nos últimos anos do século passado e primeiros anos da década de 2010 houve crescimento real nos rendimentos dos mais pobres, por outro lado houve declínio na renda dos menos pobres e mais ricos. O que significa dizer que o baixo crescimento não gerou, então, espaço de manobra suficiente a processo de redução da desigualdade que fosse concomitante a aumento das rendas de todos os grupos sociais: aumentos maiores no caso das rendas mais baixas, menores no caso dos rendimentos mais altos.

Esse processo passou a ocorrer na segunda metade da década finda, afigurando-se mais apto a amainar os potenciais de tensão e conflito de tecido social ainda esgarçado pelo desemprego, pela pobreza e pela violência — além de capaz de injetar dinamismo à economia, engendrando círculo socialmente virtuoso de crescimento.[53]

HABITAÇÃO: MELHORIA QUALITATIVA

A Tabela 15 traz os dados do último componente do IDS e respectivos subcomponentes, que medem as condições de habitação (disponibilidade domiciliar de água canalizada, energia elétrica, geladeira e televisão).

O exame desse componente revela que o Brasil, suas regiões e a grande maioria dos estados obtiveram notas muito elevadas em 2010. No país, o Índice de Habitação, IH, alcançou 9,38 nesse ano, tendo chegado a 9,69 no Sudeste, 9,57 no Sul, 9,45 no Centro-Oeste, 8,92 no Nordeste e 8,36 no Norte. Entre as unidades da Federação, os campeões foram São Paulo (nota 9,89), Distrito Federal (9,83) e Rio de Janeiro (9,70); os lanterninhas, Rondônia (7,96), Piauí (8,17) e Pará (8,07).[54]

---

[53]Cf. ALBUQUERQUE (2008).

[54]Essas notas elevadas devem-se, em boa medida, à efetividade das políticas públicas de abastecimento d'água e eletrificação (inclusive rural). As notas mais baixas encontradas no Norte e seus estados devem-se a deficiências no abastecimento domiciliar de água (com canalização interna).

Não surpreende, portanto, que o IH tenha sido o componente do IDS que exibiu a mais elevada taxa de crescimento entre 1970 e 2010: 2,8% anuais no país, 8,2% no Nordeste, 5,6% no Centro-Oeste, 5,1% no Norte, 3,4% no Sul e 1,8% no Sudeste.[55]

Da comparação entre os IDS e os IHs para 2010 resulta coeficiente de correlação relativamente baixo, com R de 0,596, com R^2 de 0,355 (os diferenciais de ordem entre os dois índices, anotados na coluna 5 da Tabela 15, já apontam para a fraca correspondência entre eles). E, com relação aos subcomponentes, notem-se a virtual universalização da disponibilidade domiciliar de energia elétrica e o alto percentual dos domicílios que possuem televisão.

O Gráfico 15 apresenta, para o país, as regiões e os estados, os "déficits" e "superávits" habitacionais relativos, construídos a partir da coluna 5 da Tabela 15. Ocorre déficit quando o país, a região ou o estado está mais bem colocado segundo a ordem do IDS do que segundo a ordem do IH (exemplo: o estado de Santa Catarina, o 2º pelo IDS e 13º pelo IH); há superávit na situação inversa (exemplo: o Estado do Rio de Janeiro, 11º pelo IDS e o 3º pelo IH). O Brasil guarda as mesmas posições no IDS e IH: a 15ª, estando, portanto, em situação de "equilíbrio".

GRÁFICO 18
BRASIL, REGIÕES E ESTADOS: "DEFICIT" (-) E
"SUPERÁVIT" (+) HABITACIONAIS, 2010

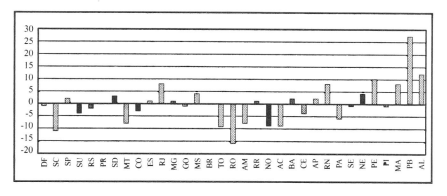

---

[55] O crescimento do IE (Índice de Educação) no Sudeste foi ligeiramente maior no mesmo período: 1,9% por ano.

TABELA 15
O COMPONENTE HABITAÇÃO (E SUBCOMPONENTES) DO IDS: BRASIL, REGIÕES E ESTADOS

Ordem do IDS	Brasil, regiões e estados	Componente habitação Índice (IH) 2010	Componente habitação Crescimento 1970-2010	Ordem do IDS menos ordem do IH	Subcomponentes, 2010 Disponibilidade domiciliar (em %) de: Água	Energia	Geladeira	Televisão
ALTO DESENVOLVIMENTO SOCIAL (IDS de 2010 igual ou maior que 8,50)								
1	Distrito Federal	9,83	1,7	-1	95,5	99,9	97,8	99,3
2	Santa Catarina	9,45	3,5	-11	79,9	99,9	99,7	98,1
3	São Paulo	9,89	1,6	2	97,3	99,9	99,2	98,5
4	**Sul**	**9,57**	**3,4**	**-4**	**86,5**	**99,4**	**99,0**	**97,4**
5	Rio Grande do Sul	9,60	2,6	-2	87,0	99,8	99,0	97,6
6	Paraná	9,60	5,0	0	89,6	99,9	98,7	95,5
7	**Sudeste**	**9,69**	**1,8**	**3**	**92,8**	**99,8**	**98,3**	**96,2**
8	Mato Grosso	9,31	8,4	-8	78,9	99,9	97,8	95,9
9	**Centro-Oeste**	**9,45**	**5,6**	**-3**	**84,7**	**99,2**	**97,3**	**96,7**
MÉDIO-ALTO DESENVOLVIMENTO SOCIAL (IDS de 2010 menor que 8,50 e igual ou maior que 7,50)								
10	Espírito Santo	9,56	3,7	1	85,0	99,9	98,8	98,3
11	**Rio de Janeiro**	**9,70**	**1,4**	**8**	**89,1**	**99,9**	**99,2**	**99,3**
12	Minas Gerais	9,48	3,7	1	88,2	99,1	95,2	96,3
13	Goiás	9,41	7,3	-1	83,0	99,8	97,4	95,8
14	Mato Grosso do Sul	9,48	8,4	4	85,3	99,8	96,4	97,4
15	**BRASIL**	**9,38**	**2,8**	**0**	**84,9**	**99,2**	**94,7**	**96,2**
16	Tocantins	8,85	8,1	-9	80,4	95,1	90,7	88,3
17	Rondônia	7,96	6,3	-16	37,4	97,5	93,4	91,5
18	Amazonas	8,81	5,2	-8	70,6	99,8	89,5	92,8
19	Roraima	9,23	7,6	1	83,7	99,1	91,3	95,1
20	**Norte**	**8,36**	**5,1**	**-9**	**58,9**	**97,1**	**88,2**	**91,6**

(cont.)

Ordem do IDS	Brasil, regiões e estados	Componente habitação		Ordem do IDS menos ordem do IH	Subcomponentes, 2010 — Disponibilidade domiciliar (em %) de:			
		Índice (IH) 2010	Crescimento 1970-2010		Água	Energia	Geladeira	Televisão
MÉDIO-BAIXO DESENVOLVIMENTO SOCIAL (IDS de 2010 menor que 7,50 e igual ou maior que 5,00)								
21	Acre	8,30	26,1	-9	56,0	96,7	89,8	90,6
22	Bahia	9,19	8,1	2	95,1	97,2	83,9	91,5
23	Ceará	8,80	11,2	-4	67,9	99,9	90,0	95,0
24	Amapá	8,96	6,7	2	61,2	99,9	99,9	97,7
25	Rio Grande do Norte	9,23	9,0	8	76,1	99,9	96,4	96,9
26	Pará	8,07	4,6	-6	52,9	96,0	84,3	91,0
27	Sergipe	8,44	6,0	-1	50,9	99,4	92,1	96,1
28	Nordeste	8,92	8,2	4	78,0	98,2	87,5	93,4
29	Pernambuco	9,22	4,7	10	81,5	99,7	91,0	96,8
30	Piauí	8,17	28,1	-1	65,8	92,8	84,3	85,3
31	Maranhão	8,94	70,9	8	90,9	95,4	83,7	88,1
32	Paraíba	9,65	8,8	27	99,9	99,3	88,9	97,3
33	Alagoas	9,09	8,2	12	81,4	99,5	86,0	97,0

FONTES: Anexo V e Apêndice Metodológico.

DESEMPENHO E ESTRUTURA: A MATRIZ DE CORRELAÇÕES DO IDS

A Tabela 16 apresenta a matriz das correlações entre os componentes e subcomponentes do IDS entre si e deles com os próprios IDS. Ela foi construída com base nos dados para as 27 unidades da Federação e para seis anos: 1970, 1980, 1991, 2000, 2009 e 2010. A matriz contém 162 informações para cada uma das 18 variáveis (12 subcomponentes, cinco componentes, além do IDS) e a um total de 2.916 observações.

A referida matriz quadrada (18x18), além de apresentar os coeficientes de correlação, R, de cada uma das 18 variáveis em relação às demais, informa as médias dos valores absolutos de R para cada variável (última linha e última coluna da Tabela 16), bem como para o conjunto delas (intersecção da linha e da coluna 19 — ou seja, a célula do ângulo inferior direito da matriz). Esse último valor de R, 0,646, indica que as variáveis que integram o IDS estão, em seu conjunto, relativamente bem relacionadas entre si.

A matriz de correlações apresentada desempenha papel importante no exame do IDS, com potencial para esclarecer aspectos relevantes da evolução recente da estrutura e do desempenho sociais do Brasil, suas regiões e estados no período em exame (1970-2010).

É evidente que não se pode ver na mera correlação de variáveis, por mais expressiva que seja, implicações de causa e efeito, sobretudo se diretas e lineares. A estrutura e o evoluir sociais são complexos e multiformes o suficiente para desautorizar até mesmo ilações nesse sentido. E não mais se reconhece no tecido social o primado de variáveis determinantes de outras, por elas determinadas. Cogita-se, sim, de complexas interações entre elas, entrelaçando-as em redes instáveis e de dimensões densidades mutáveis, no espaço e no tempo.

Esses fatos, contudo, não subtraem das matrizes de correlação o interesse analítico. Pois elas podem ajudar a vislumbrar, em um dado espaço-tempo social, aquelas áreas e segmentos mais densos e significativos: seja pela intensidade das interações sociais que nelas se pode identificar e mensurar, seja pelo impacto que sobre elas podem exercer uma ação ou conjunto de ações compondo vetores sociais passíveis de expressarem-se em variável ou conjunto de variáveis que, sendo quantificáveis, podem ser adotadas como metas de políticas públicas.

Na verdade, a escolha dos indicadores que integram o IDS já se pautou pelo critério de intensidade de interações. Critério esse associado a um crivo de seleção: o de relevância da variável para a compreensão da questão social brasileira tal como ela se manifestou nas três últimas décadas do século XX e inícios do século XXI.

A análise da Tabela 16 revela, em primeiro lugar, que a média, em valores absolutos, dos coeficientes de correlação, R, do IDS com as demais variáveis é, como seria de esperar, a mais elevada: 0,781.

Em segundo lugar, é importante frisar que o componente educação é, dentre todos os componentes e subcomponentes, o mais fortemente correlacionado: com R médio de 0,743. É também o melhor correlacionado com o IDS (R de 0,956) e com os demais componentes: habitação (R de 0,894), saúde (0,848), rendimento (0,853) e trabalho (0,722). Seguem-se, pelo critério de melhor correlação média, os componentes habitação (R médio de 0,735), saúde (0,714), rendimento (0,663) e trabalho (0,647).

São justamente esses dois últimos componentes os formados por subcomponentes mais representativos de aspectos estruturais da sociedade: tais como o coeficiente de igualdade e a taxa de atividade, mais estáveis no espaço-tempo social. Ou por subcomponentes que refletem variações tipicamente de conjuntura econômica, como a taxa de ocupação.

Por último, a análise das correlações dos subcomponentes do IDS revela que alguns deles também constroem, na matriz de correlações, teias de interações densas e relevantes. A esse propósito, note-se:

1) que, no componente saúde, a taxa de sobrevivência infantil é a variável que gera a grade de inter-relações mais forte e significativa (R médio de 0,709 e com o IDS de 0,926);

2) que, no componente educação, é a taxa de alfabetização que tem melhor correlação média com os demais componentes e subcomponentes do IDS (R médio de 0,721, comparado com R médio de 0,700 para a média de anos de escolaridade), além de melhor correlação com o próprio IDS (R de 0,932);

3) que a taxa de atividade é, no componente trabalho, a variável que melhor se interconecta às demais (R médio de 0,675 e com o IDS de 0,868);

4) que, no componente rendimento, o PIB per capita interage melhor com as demais variáveis do que o coeficiente de igualdade (R médio de 0,511 e com o IDS de 0,670);[56]

5) que, no componente habitação, a disponibilidade domiciliar de geladeira exibe R médio de 0,744, o mais alto dentre os componentes e subcomponentes, além de ter R de 0,956 com o IDS, correlação essa igual à do componente educação e superior aos demais subcomponentes e componentes).[57]

---

[56]Note-se que o PIB per capita correlaciona-se pobremente com a taxa de igualdade (R = 0,063).
[57]Para análise mais detalhada dessas interações entre as variáveis integrantes do IDS, ver ALBUQUERQUE (2005).

Tabela 16

IDS, COMPONENTES E SUBCOMPONENTES: MATRIZ DE CORRELAÇÕES, ESTADOS (1970-2010)

Ordem	Esperança de Vida ao Nascer	Taxa de Sobrevivência Infantil	Componente Saúde	Taxa de Alfabetização	Média de Anos de Estudo	Componente Educação	Taxa de Atividade	Taxa de Ocupação	Componente Trabalho	PIB per capita	Taxa de Igualdade	Componente Rendimento	Abastecimento d'Água	Energia Elétrica	Disponibilidade de Geladeira	Disponibilidade de Televisão	Componente Habitação	IDS	MÉDIA
	1	2	3	4	5	6	7	8	9	10	11	12	13	14	15	16	17	18	Ordem
1		0,964	0,993	0,872	0,753	0,831	0,811	0,176	0,737	0,505	0,283	0,697	0,761	0,829	0,866	0,863	0,850	0,918	0,706
2	0,964		0,988	0,881	0,787	0,858	0,805	0,116	0,701	0,479	0,212	0,671	0,799	0,881	0,898	0,906	0,892	0,926	0,709
3	0,993	0,988		0,884	0,773	0,848	0,815	0,151	0,727	0,493	0,258	0,690	0,785	0,860	0,888	0,890	0,877	0,929	0,714
4	0,872	0,881	0,884		0,809	0,916	0,770	0,132	0,683	0,653	0,314	0,844	0,805	0,855	0,891	0,859	0,872	0,932	0,721
5	0,753	0,787	0,773	0,809		0,977	0,728	0,211	0,693	0,712	0,305	0,801	0,784	0,829	0,852	0,840	0,846	0,904	0,700
6	0,831	0,858	0,848	0,916	0,977		0,777	0,192	0,722	0,723	0,323	0,853	0,828	0,877	0,906	0,885	0,894	0,956	0,743
7	0,811	0,805	0,815	0,770	0,728	0,777		0,095	0,846	0,505	0,474	0,693	0,733	0,754	0,849	0,812	0,807	0,868	0,675
8	0,176	0,116	0,151	0,132	0,211	0,192	0,095		0,610	0,125	0,236	0,239	0,066	0,150	0,101	0,117	0,111	0,254	0,171
9	0,737	0,701	0,727	0,683	0,693	0,722	0,846	0,610		0,470	0,505	0,680	0,619	0,682	0,730	0,709	0,702	0,826	0,647
10	0,505	0,479	0,493	0,653	0,712	0,723	0,505	0,125	0,470		0,229	0,852	0,595	0,526	0,567	0,535	0,567	0,670	0,511
11	0,283	0,212	0,258	0,314	0,305	0,323	0,474	0,236	0,505	0,229		0,519	0,238	0,156	0,305	0,208	0,233	0,368	0,287
12	0,697	0,671	0,690	0,844	0,801	0,853	0,693	0,239	0,680	0,852	0,519		0,707	0,679	0,743	0,689	0,720	0,850	0,663
13	0,761	0,799	0,785	0,805	0,784	0,828	0,733	0,066	0,619	0,595	0,238	0,707		0,912	0,910	0,916	0,953	0,881	0,683
14	0,829	0,881	0,860	0,855	0,829	0,877	0,754	0,150	0,682	0,526	0,156	0,679	0,912		0,957	0,983	0,985	0,924	0,713
15	0,866	0,898	0,888	0,891	0,852	0,906	0,849	0,101	0,730	0,567	0,305	0,743	0,910	0,957		0,978	0,984	0,956	0,744
16	0,863	0,906	0,890	0,859	0,840	0,885	0,812	0,117	0,709	0,535	0,208	0,689	0,916	0,983	0,978		0,992	0,942	0,729
17	0,850	0,892	0,877	0,872	0,846	0,894	0,807	0,111	0,702	0,567	0,233	0,720	0,953	0,985	0,984	0,992		0,947	0,735
18	0,918	0,926	0,929	0,932	0,904	0,956	0,868	0,254	0,826	0,670	0,368	0,850	0,881	0,924	0,956	0,942	0,947		0,781
MÉDIA	0,706	0,709	0,714	0,721	0,700	0,743	0,675	0,171	0,647	0,511	0,287	0,663	0,683	0,713	0,744	0,729	0,735	0,781	0,646
Ordem	1	2	3	4	5	6	7	8	9	10	11	12	13	14	15	16	17	18	Ordem

FONTE: Anexo V.

ANEXO V-A
BRASIL, REGIÕES E ESTADOS: ÍNDICE DE DESENVOLVIMENTO SOCIAL, IDS (ANOS SELECIONADOS)

País, regiões, estados	1970	1980	1991	2000	2005	2009	2010
Norte	3,09	4,76	5,40	5,99	7,00	7,36	7,52
Rondônia	3,23	4,60	5,37	6,30	7,12	7,40	7,86
Acre	2,58	4,32	5,19	5,61	6,49	7,55	7,41
Amazonas	3,26	5,24	5,90	6,12	7,37	7,39	7,83
Roraima	2,99	5,05	5,85	6,30	7,27	7,60	7,78
Pará	3,12	4,63	5,17	5,69	6,72	7,07	7,21
Amapá	3,20	5,04	6,00	6,37	7,19	7,45	7,26
Tocantins	2,11	3,87	4,43	5,42	7,05	7,71	7,90
Nordeste	1,89	3,60	4,90	5,30	6,46	6,91	7,05
Maranhão	2,13	3,40	4,28	4,69	6,15	6,61	6,77
Piauí	1,22	3,36	4,57	4,85	6,23	6,75	6,85
Ceará	1,51	3,20	4,84	5,38	6,54	7,10	7,27
Rio Grande do Norte	1,20	3,29	5,03	5,55	6,50	7,13	7,24
Paraíba	1,28	2,96	4,71	5,22	6,34	6,60	6,72
Pernambuco	2,09	3,82	5,23	5,46	6,42	6,79	6,95
Alagoas	1,87	3,32	4,70	4,71	5,74	6,22	6,41
Sergipe	2,13	3,94	5,49	5,63	6,80	7,12	7,16
Bahia	2,38	4,10	5,07	5,39	6,67	7,19	7,41
Sudeste	4,74	6,43	7,26	7,34	8,08	8,45	8,60
Minas Gerais	3,29	5,36	6,49	6,87	7,75	8,14	8,32
Espírito Santo	3,58	5,66	6,79	7,13	8,00	8,29	8,47
Rio de Janeiro	5,26	6,66	7,37	7,29	7,91	8,25	8,36
São Paulo	5,40	6,92	7,64	7,61	8,32	8,71	8,86
Sul	4,20	6,11	7,11	7,45	8,28	8,57	8,73
Paraná	3,71	5,57	6,85	7,26	8,09	8,46	8,61
Santa Catarina	4,07	6,21	7,22	7,66	8,54	8,78	9,03
Rio Grande do Sul	4,76	6,63	7,38	7,59	8,30	8,56	8,71
Centro-Oeste	3,27	5,38	6,31	6,95	7,87	8,32	8,50
Mato Grosso do Sul	2,80	4,52	6,70	6,81	7,75	8,12	8,25
Mato Grosso	3,51	4,73	6,04	6,69	7,74	8,35	8,52
Goiás	2,82	4,91	6,40	6,75	7,58	8,12	8,31
Distrito Federal	5,18	7,54	7,99	7,85	8,67	8,91	9,08
BRASIL	3,64	5,44	6,43	6,67	7,56	7,96	8,14

FONTES: Apéndice Metodológico.

Anexo V-B
BRASIL, REGIÕES, ESTADOS: IDS — COMPONENTE SAÚDE
(ANOS SELECIONADOS)

País, regiões, estados	1970	1980	1991	2000	2005	2009	2010
Norte	4,11	6,66	7,59	8,41	8,88	9,15	9,16
Rondônia	4,10	6,65	7,57	8,34	8,80	9,11	9,12
Acre	4,14	6,67	7,59	8,35	8,65	8,98	9,00
Amazonas	4,14	6,99	7,54	8,25	8,80	9,13	9,15
Roraima	3,58	6,25	7,29	8,14	8,71	9,02	9,03
Pará	4,16	6,55	7,34	8,36	8,91	9,21	9,22
Amapá	4,12	6,71	7,66	8,44	8,65	8,98	8,99
Tocantins	2,79	5,80	7,08	8,03	8,72	9,05	9,07
Nordeste	1,55	3,43	6,51	7,61	8,27	8,64	8,70
Maranhão	2,78	4,41	6,49	7,18	7,76	8,22	8,25
Piauí	2,87	5,06	7,22	7,51	8,27	8,68	8,70
Ceará	1,21	2,24	6,24	7,77	8,46	8,85	8,88
Rio Grande do Norte	0,20	1,81	5,98	7,73	8,35	8,85	8,89
Paraíba	0,28	1,54	5,56	7,21	8,03	8,47	8,51
Pernambuco	0,68	2,44	6,13	7,19	7,89	8,35	8,38
Alagoas	0,52	2,22	5,71	7,07	7,32	7,85	7,89
Sergipe	1,74	4,40	7,06	7,73	8,47	8,86	8,89
Bahia	2,70	5,09	7,24	7,86	8,69	9,02	9,04
Sudeste	4,81	6,51	8,28	8,79	9,47	9,70	9,71
Minas Gerais	4,15	6,40	8,14	8,75	9,45	9,72	9,74
Espírito Santo	5,07	7,44	8,32	8,69	9,34	9,63	9,64
Rio de Janeiro	4,91	6,42	8,06	8,46	9,19	9,51	9,53
São Paulo	5,21	6,50	8,34	8,94	9,51	9,79	9,80
Sul	5,67	7,37	8,50	9,05	9,62	9,83	9,85
Paraná	4,96	6,71	7,95	8,91	9,39	9,70	9,72
Santa Catarina	5,82	7,32	8,57	9,17	9,67	9,93	9,95
Rio Grande do Sul	6,75	8,28	8,97	9,21	9,69	9,94	9,95
Centro-Oeste	4,57	6,80	8,15	8,75	9,39	9,62	9,64
Mato Grosso do Sul	5,00	7,01	8,21	8,80	9,37	9,65	9,66
Mato Grosso	5,05	7,02	8,11	8,56	9,21	9,49	9,51
Goiás	4,39	6,43	8,03	8,75	9,26	9,55	9,56
Distrito Federal	4,11	7,11	8,27	8,65	9,67	9,91	9,93
BRASIL	3,72	5,62	7,64	8,31	9,04	9,31	9,47

FONTES: Apêndice Metodológico.

Anexo V-C
BRASIL, REGIÕES, ESTADOS: IDS — COMPONENTE EDUCAÇÃO
(ANOS SELECIONADOS)

País, regiões, estados	1970	1980	1991	2000	2005	2009	2010
Norte	2,28	3,48	4,89	5,54	5,90	6,61	6,84
Rondônia	2,37	2,82	5,07	5,49	5,65	6,54	7,05
Acre	0,77	2,70	4,85	4,90	4,74	6,47	6,68
Amazonas	2,47	3,68	5,67	6,03	6,81	7,23	7,29
Roraima	2,35	4,02	5,85	5,36	6,41	7,69	7,69
Pará	2,32	3,51	4,62	5,30	5,40	6,08	6,23
Amapá	2,56	4,18	6,15	7,19	7,33	8,11	7,84
Tocantins	0,68	2,48	3,72	4,42	5,54	6,57	6,76
Nordeste	1,37	2,78	4,45	3,60	4,59	5,42	5,53
Maranhão	0,52	2,07	3,70	3,15	4,09	5,18	5,42
Piauí	0,72	2,27	4,00	2,82	3,76	4,63	4,61
Ceará	1,45	2,73	4,46	3,69	4,67	5,65	5,77
Rio Grande do Norte	1,31	2,91	4,76	4,19	5,06	5,67	5,72
Paraíba	1,15	2,64	4,43	3,09	4,20	5,05	5,10
Pernambuco	1,99	3,39	5,09	4,13	5,00	5,81	6,06
Alagoas	0,95	2,43	4,17	2,46	3,33	4,46	4,66
Sergipe	1,11	2,73	4,65	4,09	4,93	5,98	5,99
Bahia	1,48	2,94	4,38	3,64	4,75	5,52	5,64
Sudeste	4,00	5,35	6,85	6,84	7,48	8,07	8,17
Minas Gerais	2,68	4,11	5,48	5,76	6,42	7,05	7,13
Espírito Santo	2,57	4,45	5,95	6,00	7,04	7,27	7,45
Rio de Janeiro	4,76	6,10	7,93	7,25	7,90	8,38	8,33
São Paulo	4,39	5,55	7,09	7,25	7,98	8,56	8,77
Sul	3,21	4,84	6,30	6,54	7,29	7,87	7,97
Paraná	2,47	4,22	5,93	6,22	7,12	7,80	7,92
Santa Catarina	3,10	4,94	6,42	6,72	7,55	8,11	8,36
Rio Grande do Sul	3,89	5,32	6,57	6,70	7,33	7,80	7,89
Centro-Oeste	2,23	4,23	6,38	6,05	6,92	7,62	7,86
Mato Grosso do Sul	2,00	3,36	5,41	5,41	6,58	7,04	7,08
Mato Grosso	1,78	3,91	5,88	5,91	6,43	7,07	7,23
Goiás	1,80	3,78	5,93	5,66	6,52	7,26	7,47
Distrito Federal	5,05	6,65	8,95	8,07	8,90	9,63	9,96
BRASIL	3,05	4,49	6,02	5,79	6,47	7,21	7,32

FONTES: Apêndice Metodológico.

Anexo V-D
BRASIL, REGIÕES, ESTADOS: IDS — COMPONENTE TRABALHO
(ANOS SELECIONADOS)

País, regiões, estados	1970	1980	1991	2000	2005	2009	2010
Norte	4,30	5,79	5,25	5,05	7,67	7,25	7,69
Rondônia	4,16	6,86	6,54	6,49	8,51	8,34	9,14
Acre	4,41	6,02	5,81	5,25	7,59	7,97	8,67
Amazonas	4,24	5,99	4,48	4,22	7,14	6,71	7,48
Roraima	4,12	6,37	5,84	5,86	7,49	6,88	6,96
Pará	4,39	5,56	5,18	5,00	7,66	7,04	7,35
Amapá	3,41	5,04	4,64	4,15	6,37	5,89	5,42
Tocantins	4,56	6,07	5,51	5,41	8,57	8,75	9,09
Nordeste	3,37	5,60	5,31	4,67	7,37	7,03	7,29
Maranhão	4,76	6,18	5,39	5,10	8,13	6,85	6,89
Piauí	1,13	5,73	5,58	5,39	8,77	8,50	8,52
Ceará	2,58	5,66	5,79	5,00	7,62	7,69	8,12
Rio Grande do Norte	1,89	5,21	5,16	4,17	6,42	7,06	7,49
Paraíba	2,61	5,24	5,31	4,77	7,17	6,04	5,99
Pernambuco	3,33	5,75	5,09	4,20	6,67	5,90	5,96
Alagoas	4,34	5,46	5,09	4,16	6,42	5,74	5,98
Sergipe	3,69	5,44	5,38	4,73	7,07	6,90	7,58
Bahia	4,05	5,43	5,17	4,65	7,52	7,60	8,01
Sudeste	4,96	6,66	6,50	5,64	7,14	7,46	7,85
Minas Gerais	4,04	6,22	6,47	5,80	7,85	8,12	8,61
Espírito Santo	4,39	6,11	6,62	6,38	7,93	8,02	8,57
Rio de Janeiro	4,74	6,11	5,89	5,16	6,11	6,64	6,99
São Paulo	5,66	7,18	6,76	5,70	7,12	7,41	7,75
Sul	5,24	6,79	7,17	6,73	8,58	8,45	8,87
Paraná	5,62	6,74	7,03	6,49	8,36	8,24	8,59
Santa Catarina	4,93	6,49	7,12	7,10	8,87	8,86	9,55
Rio Grande do Sul	5,01	6,98	7,32	6,77	8,62	8,41	8,75
Centro-Oeste	4,14	6,36	5,12	6,26	7,69	8,07	8,50
Mato Grosso do Sul	1,15	3,05	7,57	6,18	7,82	8,25	8,55
Mato Grosso	5,99	5,40	5,82	6,32	8,17	8,40	9,01
Goiás	3,63	6,20	6,60	6,32	7,62	8,21	8,69
Distrito Federal	5,50	7,22	7,03	6,17	7,15	7,19	7,41
BRASIL	4,50	6,33	6,11	5,55	7,50	7,52	7,89

FONTES: Apêndice Metodológico.

Anexo V-E
BRASIL, REGIÕES, ESTADOS: IDS — COMPONENTE RENDIMENTO (ANOS SELECIONADOS)

País, regiões, estados	1970	1980	1991	2000	2005	2009	2010
Norte	3,26	4,48	4,48	4,34	5,26	5,54	5,55
Rondônia	4,36	4,64	3,94	4,45	5,27	5,08	6,02
Acre	3,30	3,78	3,53	3,54	4,71	6,07	4,40
Amazonas	3,90	5,30	5,53	4,97	6,16	5,13	6,42
Roraima	3,78	4,25	3,98	4,01	5,37	5,20	6,01
Pará	3,11	4,33	4,11	3,48	4,82	5,10	5,19
Amapá	4,68	4,51	5,06	4,28	5,33	5,20	5,08
Tocantins	1,50	2,61	2,44	2,62	5,12	5,51	5,72
Nordeste	2,18	3,40	3,17	3,40	4,33	4,63	4,82
Maranhão	2,47	3,04	2,27	2,07	4,13	4,22	4,32
Piauí	1,10	1,97	2,12	2,36	3,31	3,81	4,24
Ceará	1,51	2,82	3,04	3,13	4,09	4,52	4,76
Rio Grande do Norte	1,65	3,48	3,52	3,66	4,30	4,86	4,85
Paraíba	1,34	2,69	3,02	3,27	3,92	4,16	4,34
Pernambuco	2,63	3,75	3,79	3,74	4,36	4,86	5,10
Alagoas	2,52	3,58	3,24	2,74	4,02	4,25	4,43
Sergipe	2,82	3,54	4,13	3,64	4,94	5,05	4,88
Bahia	2,62	4,08	3,51	3,78	4,86	4,96	5,17
Sudeste	5,03	6,42	5,99	6,10	6,83	7,35	7,57
Minas Gerais	3,19	5,26	4,99	5,26	6,00	6,37	6,65
Espírito Santo	3,48	5,11	5,23	5,66	6,47	7,04	7,13
Rio de Janeiro	5,53	6,64	6,04	6,31	6,79	7,07	7,26
São Paulo	5,98	7,24	6,81	6,59	7,26	7,90	8,10
Sul	4,30	5,84	5,61	5,88	6,71	7,18	7,40
Paraná	3,72	5,32	5,43	5,65	6,38	7,02	7,22
Santa Catarina	4,03	6,24	6,07	6,34	7,36	7,58	7,83
Rio Grande do Sul	4,77	6,21	5,96	6,24	6,68	7,12	7,35
Centro-Oeste	3,87	5,39	4,86	5,18	6,44	6,92	7,04
Mato Grosso do Sul	4,45	5,38	4,88	5,07	5,88	6,28	6,48
Mato Grosso	3,71	4,55	4,48	4,91	6,68	7,74	7,51
Goiás	3,09	4,48	4,67	4,60	5,55	6,23	6,42
Distrito Federal	6,07	8,65	6,89	6,99	8,07	8,02	8,26
BRASIL	3,90	5,34	5,06	5,21	6,00	6,46	6,66

Fontes: Apêndice Metodológico.

Anexo V-F
BRASIL, REGIÕES, ESTADOS: IDS — COMPONENTE HABITAÇÃO
(ANOS SELECIONADOS)

País, regiões, estados	1970	1980	1991	2000	2005	2009	2010
Norte	1,50	3,38	4,77	6,64	7,27	8,25	8,36
Rondônia	1,50	3,38	4,77	6,64	7,27	7,73	7,94
Acre	1,17	2,04	3,73	6,73	7,37	7,56	7,84
Amazonas	0,29	2,45	4,20	6,04	6,73	7,39	7,67
Roraima	1,56	4,24	6,26	7,15	7,96	8,28	8,35
Pará	1,22	4,79	6,51	7,81	8,29	8,54	8,55
Amapá	1,12	4,36	6,29	8,14	8,34	8,76	8,80
Tocantins	1,00	2,80	5,06	7,23	7,73	8,24	8,45
Nordeste	1,62	3,19	4,61	6,29	6,82	7,36	7,63
Maranhão	0,94	3,02	5,75	7,98	8,40	9,05	9,12
Piauí	0,12	1,31	3,57	5,95	6,65	7,34	7,73
Ceará	0,27	1,76	3,92	6,13	7,05	7,66	7,68
Rio Grande do Norte	1,29	3,61	6,23	7,95	8,62	9,00	9,18
Paraíba	0,78	2,57	4,66	7,31	7,87	8,38	8,64
Pernambuco	1,01	2,70	5,24	7,75	8,40	8,71	8,84
Alagoas	1,81	3,78	6,08	8,02	8,19	8,57	8,73
Sergipe	1,01	2,38	3,40	6,61	7,31	7,99	8,35
Bahia	1,02	2,93	5,28	7,13	7,60	7,92	8,36
Sudeste	2,57	5,72	7,99	9,04	9,21	9,41	9,45
Minas Gerais	1,02	2,78	5,92	7,76	8,20	8,33	8,44
Espírito Santo	1,05	2,97	5,04	7,04	7,51	8,08	8,28
Rio de Janeiro	2,40	5,19	7,82	8,91	9,22	9,32	9,37
São Paulo	2,48	6,04	7,92	8,99	9,27	9,38	9,40
Sul	6,35	8,02	8,95	9,25	9,55	9,64	9,60
Paraná	1,56	4,12	7,07	8,49	8,92	9,09	9,17
Santa Catarina	4,89	7,21	8,67	9,30	9,51	9,62	9,66
Rio Grande do Sul	2,37	4,81	7,38	8,79	9,05	9,26	9,35
Centro-Oeste	3,39	6,35	8,09	9,06	9,18	9,40	9,47
Mato Grosso do Sul	5,77	8,13	9,21	9,59	9,72	9,81	9,85
Mato Grosso	1,19	3,67	6,79	8,43	8,93	9,13	9,26
Goiás	1,40	3,81	7,41	8,59	9,12	9,33	9,26
Distrito Federal	1,75	4,85	7,91	9,04	9,20	9,44	9,45
BRASIL	5,19	8,08	8,81	9,37	9,55	9,66	9,77

FONTES: Apêndice Metodológico.

QUARTA PARTE

UMA AVALIAÇÃO DO CAPITAL HUMANO NO BRASIL, SUAS REGIÕES E ESTADOS (1970-2010)

O ÍNDICE DO CAPITAL HUMANO, ICH, 1970-2010

No bojo dos estudos patrocinados pelo Fórum Nacional em 2005 para o exame, em profundidade, da questão social no Brasil, foi construído um Índice do Capital Humano, ICH, para o país, suas regiões e estados, relativo ao período 1970-2000.[58] Cabe retomá-lo neste livro, atualizando-o até 2010 e intentando ampliar as análises que o ICH propicia.

O ICH é, na verdade, uma espécie de subproduto do Índice de Desenvolvimento Social.

Ele resulta do produto do componente educação do IDS, também chamado Índice de Educação, e da população de 15 anos e mais. É, portanto, uma variável-estoque, ao modo do capital dito material, representado pelas máquinas e equipamentos e outros bens de produção.

O ICH reflete tanto essa dimensão demográfica do país, suas regiões e estados quanto sua "qualidade", aferida pelo nível de educação. É expresso, inicialmente, por um número índice, que varia, hipoteticamente, de 0 a 100, no período de tempo considerado, que pode ser um ano, 2010, por exemplo, uma ou mais décadas, um século.[59]

---

[58]Cf. ALBUQUERQUE (2005).
[59]Para o cálculo do ICH, ver o Apêndice Metodológico.

O ICH: RESULTADOS

A Tabela 17 apresenta os ICHs de 2010 para o Brasil, suas regiões e estados, ordenados, como nas tabelas da terceira parte deste livro, por ordem decrescente dos IDS correspondentes (também relativos a 2010). Como nessa tabela o ICH do Brasil é igualado a 100, tanto os ICHs das regiões quanto os dos estados podem ser expressos em percentuais dele. Assim, o ICH do Sudeste equivale a 48,4% do nacional em 2010, o do Nordeste, a 20,5%, o do Sul, a 16,2%, o do Centro-Oeste, 7,8%, e o do Norte, 7,0%. No caso dos estados, o maior ICH é o de São Paulo, 26,5%, seguido por Minas Gerais (10,4%) e Rio de Janeiro (9,9%). Os menores ICHs ficaram com Roraima (0,2%), Acre e Amapá (ambos com 0,3%).

O ICH do país cresceu a 4,8% anuais entre 1970 e 2010, crescimento este explicado mais pela expansão da população de 15 anos e mais, que evoluiu a 2,6% ao ano, do que pelo componente educação, que cresceu a 2,2% — colunas 7 e 8, linha 15, da Tabela 17).

Entre as regiões, o maior crescimento do ICH, no período, foi obtido pelo Norte (7,2% anuais) e se deveu mais ao componente demográfico: a população de 15 anos e mais evoluiu a 4,3% ao ano, expansão essa em grande parte devida a migrações internas, com o Índice de Educação, IE, avançando 2,8%. Seguem-se, em ordem decrescente de expansão do ICH, o Centro-Oeste, com 7,0% anuais (explicados mais pelo crescimento da população); o Nordeste, com 6,1% (devidos mais à evolução do IE, que cresceu a 3,6% anuais, o melhor desempenho entre as regiões (a expansão da população regional de 15 anos ou mais, de 2,4% ao ano, foi inferior à brasileira); o Sul, com 4,5% (devidos mais ao componente educacional); e o Sudeste, com 4,3%, explicados mais pelo crescimento demográfico, que reflete sobretudo migrações provindas do Nordeste mormente nos anos 1970.

Por estados, os maiores crescimentos do ICH em 1970-2010 foram obtidos por Rondônia (10,6% ao ano) e Roraima (10,1%), decorrentes sobretudo de migrações internas; e pelo Acre (9,6%) e Tocantins (9,3%), devidos mais ao grande esforço na educação. Os menores crescimentos do ICH ocorreram no Rio de Janeiro (3,5%), Rio Grande do Sul (3,7%) e São Paulo (4,5%).

A coluna 5 da Tabela 17, que registra a ordem do IDS menos a ordem do ICH para 2010, revela quão pobre é o inter-relacionamento entre essas duas variáveis — a primeira delas, um índice sintético do "nível" do desenvolvimento social, pouco tendo a ver com a segunda variável, que é uma "dimensão" demográfica, a população de 15 anos ou mais, qualificada por um indicador de seu nível educacional. Tanto assim é que os coeficientes de correlação e determinação entre elas para 2010 foram muito baixos: R, 0,231 e R^2, 0,054.

Mais significativo é o relacionamento entre o ICH e o PIB, dois indicadores sintéticos, ou agregados, que espelham duas dimensões econômico-sociais, a primeira, o estoque de capital humano, a segunda, a produção de bens e serviços. Nesse caso, R chega a 0,995 e R^2, a 0,990 em 2010, a despeito de o ICH ser uma medida do capital humano potencial e o PIB, uma aferição do produto da atividade produtiva efetivamente realizado.[60]

Cabe ainda observar as diferenças entre os valores dos ICHs e os dos PIBs regionais e estaduais quando apresentados como porcentagens dos nacionais, diferenças essas que podem ser vistas como indicativas seja da maior ou menor utilização do capital humano como fator de produção, seja de diferenciais de produtividade.

Com efeito, a partir da comparação entre os valores do ICH e do PIB (Tabela 17, colunas 3 e 6, e Gráfico 19) pode-se constatar, de um lado, que as regiões Sul, Sudeste e Centro-Oeste e os estados de maior desenvolvimento social medido pelo IDS (desde o Distrito Federal até o Rio de Janeiro, inclusive) apresentaram, em 2010, ICHs relativamente menores do que os PIBs respectivos.[61]

---

[60]Uma medida do capital humano atual utilizado no processo produtivo seria a população ocupada no período de referência, ponderada por um indicador de sua qualidade.

[61]Na Tabela 17, o estado de Mato Grosso aparece com a mesma participação, de 1,6%, tanto no ICH quanto no PIB (na verdade, elas foram, respectivamente, 1,57% e 1,60%). Observe-se que a economia de Mato Grosso assenta-se basicamente no uso da terra (os cerrados, principalmente) como fator de produção. Sua expansão tem sido concomitante a grande ampliação da fronteira agrícola, sendo, assim, menos dependente do capital humano.

TABELA 17

O ÍNDICE DO CAPITAL HUMANO, ICH (DERIVADO DO IDS): BRASIL, REGIÕES E ESTADOS

Ordem do IDS de 2010	Brasil, regiões e estados	Índice do Capital Humano		Ordem do IDS menos ordem do ICH	PIB 2010 (PPC$ de 2009) Brasil = 100	Componentes: crescimento, 1970-2010		Ordem do ICH menos ordem do PIB
		Índice (ICH), 2010 Brasil = 100	Crescimento 1970-2010			População, 15 anos ou mais	Educação (Componente do IDS)	
ALTO DESENVOLVIMENTO SOCIAL (IDS de 2010 igual ou maior que 8,50)								
1	Distrito Federal	1,9	6,6	-18	3,8	4,8	1,7	5
2	Santa Catarina	3,8	5,5	-11	3,9	2,9	2,5	0
3	São Paulo	26,5	4,5	0	33,9	2,7	1,7	0
4	**Sul**	**16,2**	**4,5**	**-1**	**16,6**	**2,2**	**2,3**	**1**
5	Rio Grande do Sul	6,3	3,7	-5	6,6	1,9	1,8	1
6	Paraná	6,1	5,0	-4	6,1	2,0	3,0	1
7	**Sudeste**	**48,4**	**4,3**	**5**	**56,4**	**2,5**	**1,8**	**0**
8	**Mato Grosso**	**1,6**	**8,4**	**-14**	**1,6**	**4,6**	**3,6**	**2**
9	**Centro-Oeste**	**7,8**	**7,0**	**1**	**8,9**	**3,7**	**3,2**	**0**
MÉDIO-ALTO DESENVOLVIMENTO SOCIAL (IDS de 2010 menor que 8,50 e igual ou maior que 7,50)								
10	Espírito Santo	1,8	5,6	-10	2,3	2,8	2,7	3
11	Rio de Janeiro	9,9	3,5	4	11,2	2,0	1,4	1
12	Minas Gerais	10,4	4,8	6	9,1	2,2	2,5	-1
13	Goiás	3,2	6,9	-3	2,5	3,1	3,6	1
14	Mato Grosso do Sul	1,2	6,7	-11	1,1	3,4	3,2	2
15	**BRASIL**	**100,0**	**4,8**	**14**	**100,0**	**2,6**	**2,2**	**0**
16	Tocantins	0,6	9,3	-14	0,4	3,2	5,9	0
17	Rondônia	0,7	10,6	-12	0,6	7,6	2,8	1
18	Amazonas	1,7	7,2	-3	1,6	4,3	2,7	0
19	Roraima	0,2	10,1	-14	0,2	6,9	3,0	0
20	**Norte**	**7,0**	**7,2**	**5**	**5,0**	**4,3**	**2,8**	**-2**

(cont.)

Ordem do IDS de 2010	Brasil, regiões e estados	Índice do Capital Humano		Ordem do IDS menos ordem do ICH	PIB 2010 (PPC$ de 2009) Brasil = 100	Componentes: crescimento, 1970-2010		Ordem do ICH menos ordem do PIB
		Índice (ICH), 2010 Brasil = 100	Crescimento 1970-2010			População, 15 anos ou mais	Educação (Componente do IDS)	
MÉDIO-BAIXO DESENVOLVIMENTO SOCIAL (IDS de 2010 menor que 7,50 e igual ou maior que 5,00)								
21	Acre	0,3	9,6	-11	0,2	3,8	5,5	0
22	Bahia	5,7	6,0	10	4,1	2,5	3,4	0
23	Ceará	3,4	6,1	8	1,9	2,5	3,5	-3
24	Amapá	0,3	8,3	-7	0,2	5,3	2,8	0
25	Rio Grande do Norte	1,3	6,6	1	0,9	2,7	3,8	0
26	Pará	3,0	6,5	9	1,9	4,0	2,5	-2
27	Sergipe	0,9	7,4	-1	0,6	2,9	4,3	1
28	Nordeste	20,5	6,1	24	13,1	2,4	3,6	1
29	Pernambuco	3,7	5,0	15	2,3	2,1	2,8	-2
30	Piauí	1,0	7,4	4	0,5	2,5	4,7	-3
31	Maranhão	2,3	8,9	6	1,2	2,7	6,0	-4
32	Paraíba	1,3	5,8	9	0,8	2,0	3,8	-2
33	Alagoas	1,0	6,7	6	0,7	2,6	4,0	1

FONTES: Ver Anexo VI e Apêndice Metodológico.

GRÁFICO 19
REGIÕES E ESTADOS: DIMENSÕES RELATIVAS (%)
DO ICH E DO PIB, 2010

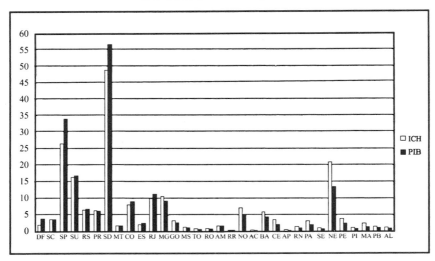

De outra parte, as duas regiões de mais baixo IDS, o Norte e o Nordeste, bem como os demais estados, de menor desenvolvimento social (desde Minas Gerais até Alagoas), têm maior participação no ICH do que no PIB, o caso extremo sendo o do Piauí, cuja participação no capital humano, de 1,0%, duplica a observada no PIB (0,5%).[62]

A Tabela 18 apresenta a evolução dos ICHs do país, suas regiões e estados para o período 1970-2010, com o ICH do Brasil igualado a 100 em cada ano.

Note-se como tendência geral o maior crescimento do ICH na década de 1970: ele foi para o Brasil de 7,2% anuais, tendo-se reduzido para 3,8% em 1980-2000 e avançado para 4,6% em 2000-2010 (a média para 1970-2010 foi 4,8%, conforme já visto).

---

[62]Devido a arredondamentos, o estado de Roraima também aparece, na Tabela 18, com a mesma participação, de 0,2%, tanto no ICH (0,21%) quanto no PIB (0,16%). Trata-se também de economia mais recentemente impulsionada por novas fronteiras agrícolas, entre elas o complexo soja-milho nos lavrados, os cerrados roraimenses, experiência em parte truncada com a dilatação de áreas de reservas indígenas.

Entre as regiões, destaquem-se os desempenhos do Centro-Oeste, com 11,9% em 1970-1980 e 7,0% em 1970-2010; do Nordeste, com 10,2% e 6,1%; e do Norte, com 10,0% e 7,2%, respectivamente.

Entre os estados, a expansão do ICH em 1970-1980 foi de 18,7% no Maranhão (média de 1970-2010: 8,9%), 18,0% em Rondônia (média: 10,6%) e 17,8% no Tocantins (média: 9,3%).

O Gráfico 20 traça a trajetória dos ICHs do Brasil e das regiões no período em exame, com 1970 igualado a 100.

GRÁFICO 20
BRASIL E REGIÕES: EVOLUÇÃO DO CAPITAL HUMANO
(1970 = 100)

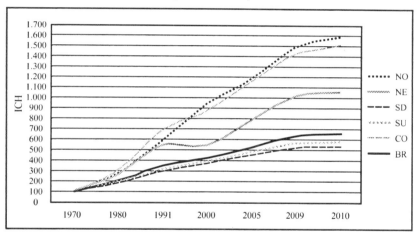

Reveste-se de interesse aprofundar um pouco mais o confronto entre o ICH e o PIB: em vista, principalmente, dos avanços recentes da teoria econômica, que consideram o capital humano um dos fatores de produção.[63]

Isso é intentado nas Tabelas 19 e 20 e nos Gráficos 21 e 22, que trazem alguns indicadores relativos às duas variáveis, apenas para o Brasil e suas regiões.

---

[63]Trata-se da chamada economia do conhecimento, que tem origem nos avanços analíticos, devidos a Paul M. Romer e Robert. E. Lucas Jr. (cf. ROMER & LUCAS JR.), segundo os quais o conhecimento (e o progresso técnico) são, explicitamente, um novo fator de produção (além do capital e do trabalho). Em 1998-9, o Banco Mundial dedicou seu Relatório Anual a "esse novo modo de ver o desenvolvimento" (ou seja, da perspectiva do conhecimento): ver THE WORLD BANK (1989). O Fórum Nacional tratou, com primazia no país, desse assunto no XIV Fórum Nacional (2002), de que resultou livro laureado com o Prêmio Jabuti de Economia de 2003 (cf. VELLOSO (2002)).

Tabela 18

TENDÊNCIAS DO ICH, 1970-2010: BRASIL, REGIÕES E ESTADOS

Ordem do IDS de 2010	Brasil, regiões e estados	ICH, anos (Brasil = 100)							Crescimento médio anual (%)			
		1970	1980	1991	2000	2005	2009	2010	1970-1980	1980-2000	2000-2010	1970-2010
	ALTO DESENVOLVIMENTO SOCIAL (IDS de 2006 igual ou maior que 8,50)											
1	Distrito Federal	0,96	1,48	1,64	1,71	1,80	1,81	1,86	12,0	4,5	5,5	6,6
2	Santa Catarina	3,02	3,40	3,39	3,73	3,87	3,77	3,83	8,5	4,3	4,9	5,5
3	São Paulo	30,11	28,29	26,89	28,60	28,00	26,51	26,55	6,6	3,8	3,8	4,5
4	**Sul**	18,50	17,83	16,47	17,19	17,13	16,35	16,24	6,9	3,6	4,0	4,5
5	Rio Grande do Sul	9,67	8,50	7,28	7,29	6,96	6,43	6,34	5,9	3,0	3,1	3,7
6	Paraná	5,67	5,91	5,80	6,13	6,32	6,16	6,13	7,7	4,0	4,6	5,0
7	**Sudeste**	59,57	54,74	51,26	52,51	51,18	48,84	48,40	6,3	3,6	3,8	4,3
8	Mato Grosso	0,42	0,66	1,19	1,34	1,51	1,55	1,57	12,2	7,5	6,3	8,4
9	Centro-Oeste	3,43	5,23	6,75	7,13	7,60	7,68	7,82	11,9	5,4	5,6	7,0
	MÉDIO-ALTO DESENVOLVIMENTO SOCIAL (IDS de 2006 menor que 8,50 e igual ou maior que 7,50)											
10	Espírito Santo	1,39	1,67	1,75	1,91	2,01	1,84	1,85	9,3	4,5	4,2	5,6
11	Rio de Janeiro	16,79	14,40	12,62	11,29	10,89	10,16	9,87	5,6	2,5	3,2	3,5
12	Minas Gerais	10,65	9,84	9,89	10,68	10,71	10,49	10,41	6,4	4,2	4,3	4,8
13	Goiás	1,47	2,15	2,71	2,89	3,08	3,11	3,16	11,4	5,3	5,5	6,9
14	Mato Grosso do Sul	0,59	0,96	1,17	1,23	1,25	1,20	1,19	12,6	5,1	4,2	6,7
15	**BRASIL**	100,00	100,00	100,00	100,00	100,00	100,00	100,00	7,2	3,8	4,6	4,8
16	Tocantins	0,11	0,29	0,35	0,48	0,55	0,59	0,60	17,8	6,5	7,0	9,3
17	Rondônia	0,09	0,23	0,59	0,72	0,67	0,69	0,73	18,0	9,9	4,8	10,6
18	Amazonas	0,67	0,85	1,16	1,50	1,64	1,64	1,65	9,7	6,8	5,6	7,2
19	Roraima	0,03	0,05	0,13	0,15	0,18	0,21	0,21	13,7	9,4	7,9	10,1
20	Norte	2,91	3,75	4,89	6,48	6,54	6,80	6,98	10,0	6,7	5,4	7,2

(cont.)

Ordem do IDS de 2010	Brasil, regiões e estados	ICH, anos (Brasil = 100)							Crescimento médio anual (%)			
		1970	1980	1991	2000	2005	2009	2010	1970-1980	1980-2000	2000-2010	1970-2010
— MÉDIO-BAIXO DESENVOLVIMENTO SOCIAL (IDS de 2006 menor que 7,50 e igual ou maior que 5,00)												
21	Acre	0,05	0,13	0,20	0,24	0,23	0,29	0,30	17,7	7,1	6,9	9,6
22	Bahia	3,70	4,90	5,44	4,68	5,52	5,72	5,74	10,3	3,5	6,8	6,0
23	Ceará	2,11	2,53	3,02	2,63	3,08	3,38	3,41	9,2	4,0	7,3	6,1
24	Amapá	0,09	0,11	0,17	0,30	0,31	0,34	0,33	9,8	9,0	5,6	8,3
25	Rio Grande do Norte	0,68	0,98	1,25	1,15	1,28	1,31	1,30	11,3	4,6	5,9	6,6
26	Pará	1,59	1,98	2,28	2,98	2,87	2,99	3,03	9,6	5,9	4,8	6,5
27	Sergipe	0,33	0,53	0,73	0,70	0,78	0,87	0,85	12,4	5,3	6,7	7,4
28	Nordeste	12,80	16,81	19,86	16,64	19,31	20,46	20,53	10,2	3,7	6,8	6,1
29	Pernambuco	3,53	3,68	3,97	3,25	3,52	3,61	3,69	7,7	3,1	5,9	5,0
30	Piauí	0,39	0,81	1,06	0,77	0,93	1,03	1,01	15,4	3,5	7,5	7,4
31	Maranhão	0,50	1,37	1,77	1,62	1,94	2,23	2,30	18,7	4,6	8,4	8,9
32	Paraíba	0,93	1,27	1,53	1,05	1,28	1,36	1,35	10,6	2,8	7,2	5,8
33	Alagoas	0,49	0,81	1,09	0,65	0,81	0,98	1,01	12,7	2,7	9,3	6,7

FONTES: Ver Anexo VI e o Apêndice Metodológico.

Observa-se inicialmente ser elevada a correlação entre os ICHs e os PIBs para as regiões brasileiras no período 1970-2010: R foi de 0,978, com o coeficiente determinação, R_2, sendo 0,956.

Atente-se em seguida para a Tabela 19 e o Gráfico 21, que apresentam a evolução do ICH e do PIB para o Brasil no período 1970-2010 (1970 = 100).

Neles pode-se constatar que, na década de 1970, o crescimento do PIB do Brasil superou o do ICH, sendo eles, respectivamente, 8,6% e 7,2% ao ano. Pode-se, portanto dizer que, nesse decênio, a relação incremental capital humano/produto (ΔICH/ΔPIB) foi menor que 1 (foi de 0,84: Tabela 20).

Nas décadas seguintes, porém, de baixo crescimento médio anual do PIB, mas elevada embora decrescente expansão do capital humano (medido pelo ICH) —, ocorreu o oposto: a relação ΔICH/ΔPIB foi de 1,86 em 1980-2000 e 1,29 em 2000-2010. No período em seu todo (1970-2010), essa mesma relação foi de 1,20.

Esse comportamento está compatível ao que efetivamente sucedeu ao país na década de 1970: intenso uso produtivo do capital humano, que se confirma pelos elevados e crescentes níveis de ocupação prevalecentes.[64]

O oposto ocorreu nacionalmente em 1980-2000: elevada subutilização do capital humano representada pelo aumento da desocupação. Tendo se verificado em 2000-2010 tendência para gradativa redução do desemprego, mais acentuada na segunda metade dessa década, quando a economia nacional passou a sinalizar aceleração do crescimento.

---

[64]O ministro Mario Henrique Simonsen costumava dizer que o Brasil foi, nos anos 1970, "uma fábrica de empregos". Note-se que a taxa de desemprego (ou desocupação) caiu de 9,7% em 1970 para 2,2% em 2008. Cf. ALBUQUERQUE (2004), p. 116.

TABELA 19
BRASIL E REGIÕES: EVOLUÇÃO COMPARADA DO ICH E DO PIB, 1970-2010

Discriminação	1970 = 100						
	1970	1980	1991	2000	2005	2009	2010
Norte: ICH	100	260	592	943	1.175	1.491	1.592
Norte: PIB	100	332	573	681	843	1.003	1.074
Nordeste: ICH	100	264	547	550	788	1.019	1.064
Nordeste: PIB	100	234	294	382	438	509	544
Sudeste: ICH	100	185	303	373	449	523	539
Sudeste: PIB	100	218	240	301	338	388	415
Sul: ICH	100	194	314	393	483	563	582
Sul: PIB	100	232	291	360	390	450	481
Centro-Oeste: ICH	100	307	694	879	1.158	1.428	1.513
Centro-Oeste: PIB	100	306	332	591	864	1.039	1.112
Brasil: ICH	100	201	352	423	522	637	663
Brasil: PIB	100	229	267	342	392	454	486

	Crescimento médio anual (%)			
	1970-1980	1980-2000	2000-1910	1970-2010
NO ICH	10,02	6,66	5,37	7,16
NO PIB	12,75	3,66	4,66	6,11
NE ICH	10,20	3,73	6,82	6,09
NE PIB	8,86	2,49	3,59	4,33
SD ICH	6,34	3,57	3,75	4,30
SD PIB	8,08	1,65	3,25	3,62
SU ICH	6,85	3,59	4,00	4,50
SU PIB	8,80	2,21	2,96	4,01
CO ICH	11,87	5,40	5,58	7,03
CO PIB	11,83	3,35	6,52	6,21
BR PIB	8,63	2,03	3,57	4,03
BR ICH	7,24	3,78	4,60	4,84

FONTES: Anexos III e VI. Ver o Apêndice Metodológico.

GRÁFICO 21
BRASIL: ICH E PIB, 1970-2010

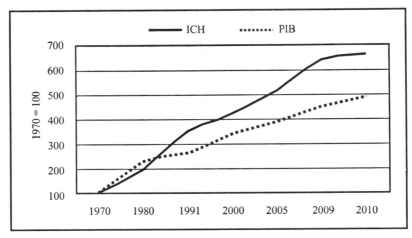

A intensidade do uso produtivo do capital humano na década de 1970 foi ainda maior no Sudeste e Sul, que exibiram ΔICH/ΔPIB de 0,78, bem como no Norte (0,79), sendo 1,00 no Centro-Oeste e, como esperado, 1,15 no Nordeste, que foi a única região que teve, em todos os períodos considerados, relação incremental capital humano/produto maior do que 1 — ou, o que é o mesmo, crescimento médio do ICH sempre superior ao do PIB.

TABELA 20
BRASIL E REGIÕES: RELAÇÕES ENTRE O ICH E O PIB, 1970-2010

Discriminação	Crescimento médio anual (%): PIB menos ICH			
	1970-1980	1980-2000	2000-2010	1970-2010
Norte	2,73	-3,00	-0,72	-1,05
Nordeste	-1,34	-1,24	-3,23	-1,76
Sudeste	1,74	-1,92	-0,50	-0,68
Sul	1,95	-1,38	-1,04	-0,49
Centro-Oeste	-0,04	-2,06	0,94	-0,82
BRASIL	1,38	-1,75	-1,03	-0,81
	Relação incremental capital-produto (ΔICH/ΔPIB)			
	1970-1980	1980-2000	2000-2010	1970-2010
Norte	0,79	1,82	1,15	1,17
Nordeste	1,15	1,50	1,90	1,41
Sudeste	0,78	2,17	1,15	1,19
Sul	0,78	1,63	1,35	1,12
Centro-Oeste	1,00	1,61	0,86	1,13
BRASIL	0,84	1,86	1,29	1,20

FONTE: Tabela 19. Ver Apêndice Metodológico.

O Gráfico 22 ilustra de modo diverso esse mesmo fenômeno ao apresentar, para o Brasil e regiões, os diferenciais de crescimento médio anual entre o PIB e o ICH.

GRÁFICO 22
BRASIL E REGIÕES: CRESCIMENTO ANUAL DO PIB MENOS CRESCIMENTO ANUAL DO ICH, 1970-2010

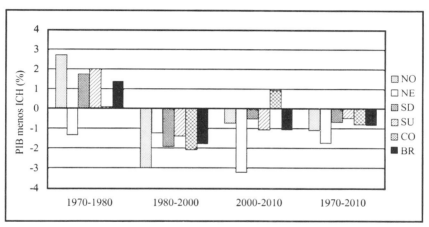

Quando eles são positivos (nos anos 1970, exceto no caso do Nordeste), o PIB cresce mais do que o ICH, sugerindo pressão por mais intensa utilização do capital humano. Quando negativos, é o ICH que cresce mais que o PIB, indicando uma tendência de crescimento da capacidade ociosa dos recursos humanos (desemprego, subutilização do trabalho, subremuneração).

Parece ter sido esta última a situação do Brasil e de todas as suas regiões em 1980-2000. Nesse final de século, o capital humano, ou seja, a população potencialmente ativa e seus níveis educacionais, cresceram muito mais do que o PIB: seja em comparação com os anos 1970, seja com a primeira década deste século.

Por essa razão, na média do período 1970-2010, o ICH também cresceu sempre mais do que o PIB — tanto no Brasil como em todas as suas regiões.

À preocupação com um Brasil de recursos humanos qualitativamente escassos talvez se deva ainda acrescentar duas apreensões que sinalizam desajustes no mercado de trabalho.

A primeira delas é gerada por um país onde o capital humano que se qualifica carece muitas vezes de oportunidade para exercer de modo eficaz as habilidades adquiridas e de obter por meio delas rendimentos compatíveis.

A segunda apreensão decorre de economia, a brasileira, que, quando cresce mais, também tende a se diversificar setorialmente e a se espalhar espacialmente. No bojo desse fenômeno, desde pelo menos 2010 amplia-se celeremente no país a oferta de emprego: em áreas como a informática-telemática e, em geral, as engenharias; em regiões ou estados como o Nordeste e Pernambuco. Áreas, regiões, estados onde a disponibilidade dessas especializações já se revela precária e insuficiente.

Um mercado de trabalho informado e articulado, ágil e dinâmico na mediação entre a oferta e a procura de empregos é, pois, mecanismo essencial para um mais eficaz aproveitamento produtivo do capital humano e uma melhor repartição da renda do trabalho. Serve também de farol a guiar a formação do capital humano de modo a adequá-lo melhor ao que dele esperam a economia e a sociedade nacionais.

BRASIL, REGIÕES E ESTADOS: ESTIMATIVA DA POPULAÇÃO DE 15 ANOS OU MAIS, 1970-2010

Discriminação	1970	1980	1991	2000	2005	2009	2010
Norte	2.086.936	3.554.133	5.759.324	8.098.614	9.478.288	10.732.478	11.068.946
Rondônia	60.384	266.306	674.388	904.030	1.009.051	1.099.478	1.123.020
Acre	108.312	158.470	233.427	341.075	407.570	469.000	485.621
Amazonas	447.634	755.998	1.183.275	1.719.392	2.058.325	2.372.000	2.456.955
Roraima	20.906	44.134	131.838	199.533	244.469	287.000	298.661
Pará	1.121.209	1.857.870	2.842.105	3.895.651	4.544.106	5.129.000	5.285.195
Amapá	57.068	89.362	157.695	289.207	364.175	437.000	457.253
Tocantins	271.423	381.993	536.596	749.726	850.592	939.000	962.241
Nordeste	15.332.315	19.890.433	25.744.458	31.998.986	35.947.027	39.376.000	40.273.004
Maranhão	1.568.645	2.185.276	2.755.782	3.544.446	4.042.764	4.482.000	4.597.826
Piauí	881.247	1.168.732	1.523.085	1.888.786	2.122.882	2.326.000	2.379.101
Ceará	2.377.249	3.043.089	3.904.337	4.938.392	5.632.855	6.245.000	6.406.424
Rio Grande do Norte	851.443	1.113.258	1.513.856	1.899.143	2.169.905	2.409.000	2.472.112
Paraíba	1.321.527	1.588.244	1.986.836	2.360.215	2.607.016	2.817.000	2.871.309
Pernambuco	2.901.875	3.574.929	4.498.265	5.455.188	6.015.352	6.491.000	6.613.883
Alagoas	846.188	1.097.161	1.500.767	1.832.390	2.074.890	2.287.000	2.342.698
Sergipe	486.079	635.020	907.249	1.189.148	1.358.488	1.508.000	1.547.462
Bahia	4.098.062	5.484.724	7.154.281	8.891.278	9.922.877	10.811.000	11.042.190
Sudeste	24.379.858	33.682.625	43.150.799	53.084.509	58.488.138	63.074.000	64.258.429
Minas Gerais	6.511.867	7.887.242	10.404.632	12.815.981	14.272.272	15.523.000	15.848.149
Espírito Santo	882.365	1.240.657	1.693.814	2.208.263	2.441.415	2.640.000	2.691.391
Rio de Janeiro	5.771.678	7.767.287	9.172.832	10.771.643	11.784.282	12.636.000	12.854.894
São Paulo	11.213.948	16.787.439	21.879.521	27.288.622	29.990.168	32.275.000	32.863.995
Sul	9.420.772	12.134.294	15.064.093	18.196.276	20.076.238	21.681.000	22.096.900
Paraná	3.759.549	4.616.754	5.634.379	6.816.328	7.580.607	8.236.000	8.406.238
Santa Catarina	1.595.938	2.263.069	3.038.414	3.846.877	4.380.479	4.850.000	4.973.694
Rio Grande do Sul	4.065.285	5.254.471	6.391.300	7.533.071	8.115.152	8.595.000	8.716.968
Centro-Oeste	2.514.032	4.069.326	6.101.609	8.154.663	9.396.444	10.505.000	10.799.408
Mato Grosso do Sul	483.874	811.834	1.143.861	1.441.641	1.624.193	1.783.000	1.824.576
Mato Grosso	386.429	648.343	1.262.797	1.708.472	2.009.846	2.284.000	2.357.554
Goiás	1.333.632	1.876.918	2.636.554	3.536.483	4.033.716	4.472.000	4.587.575
Distrito Federal	310.097	732.231	1.058.397	1.468.067	1.728.690	1.966.000	2.029.703
BRASIL	53.733.913	73.330.811	95.820.283	119.533.048	132.006.461	144.723.557	148.160.220

FONTE: IBGE, Censos Demográficos, 1970-2010.

Anexo VI-B
BRASIL, REGIÕES, ESTADOS: IDS — COMPONENTE EDUCAÇÃO, 1970-2010

Discriminação	1970	1980	1991	2000	2005	2009	2010
Norte	2,28	3,48	4,89	5,54	5,90	6,61	6,84
Rondônia	2,37	2,82	5,07	5,49	5,65	6,54	7,05
Acre	0,77	2,70	4,85	4,90	4,74	6,47	6,68
Amazonas	2,47	3,68	5,67	6,03	6,81	7,23	7,29
Roraima	2,35	4,02	5,85	5,36	6,41	7,69	7,69
Pará	2,32	3,51	4,62	5,30	5,40	6,08	6,23
Amapá	2,56	4,18	6,15	7,19	7,33	8,11	7,84
Tocantins	0,68	2,48	3,72	4,42	5,54	6,57	6,76
Nordeste	1,37	2,78	4,45	3,60	4,59	5,42	5,53
Maranhão	0,52	2,07	3,70	3,15	4,09	5,18	5,42
Piauí	0,72	2,27	4,00	2,82	3,76	4,63	4,61
Ceará	1,45	2,73	4,46	3,69	4,67	5,65	5,77
Rio Grande do Norte	1,31	2,91	4,76	4,19	5,06	5,67	5,72
Paraíba	1,15	2,64	4,43	3,09	4,20	5,05	5,10
Pernambuco	1,99	3,39	5,09	4,13	5,00	5,81	6,06
Alagoas	0,95	2,43	4,17	2,46	3,33	4,46	4,66
Sergipe	1,11	2,73	4,65	4,09	4,93	5,98	5,99
Bahia	1,48	2,94	4,38	3,64	4,75	5,52	5,64
Sudeste	4,00	5,35	6,85	6,84	7,48	8,07	8,17
Minas Gerais	2,68	4,11	5,48	5,76	6,42	7,05	7,13
Espírito Santo	2,57	4,45	5,95	6,00	7,04	7,27	7,45
Rio de Janeiro	4,76	6,10	7,93	7,25	7,90	8,38	8,33
São Paulo	4,39	5,55	7,09	7,25	7,98	8,56	8,77
Sul	3,21	4,84	6,30	6,54	7,29	7,87	7,97
Paraná	2,47	4,22	5,93	6,22	7,12	7,80	7,92
Santa Catarina	3,10	4,94	6,42	6,72	7,55	8,11	8,36
Rio Grande do Sul	3,89	5,32	6,57	6,70	7,33	7,80	7,89
Centro-Oeste	2,23	4,23	6,38	6,05	6,92	7,62	7,86
Mato Grosso do Sul	2,00	3,36	5,41	5,41	6,58	7,04	7,08
Mato Grosso	1,78	3,91	5,88	5,91	6,43	7,07	7,23
Goiás	1,80	3,78	5,93	5,66	6,52	7,26	7,47
Distrito Federal	5,05	6,65	8,95	8,07	8,90	9,63	9,96
BRASIL	3,05	4,49	6,02	5,79	6,47	7,21	7,32

Fonte: IBGE. Anexo V-C.

QUINTA PARTE

MEDINDO O ATUAL PROCESSO DE INCLUSÃO SOCIAL NO BRASIL: O IIS (2001-2010)

O Brasil vem vivenciando nas últimas décadas um processo continuado de progresso social. Esse fenômeno, quando aferido pelo Índice de Desenvolvimento Social, IDS,[65] revela que o país cresceu a 2,0% ao ano em 1970-2010 (IDS de 3,64 em 1970 e 8,14 em 2010). Nesse mesmo período, o PIB per capita brasileiro evoluiu a 2,2% anuais (foi de PPC$ 4.776 em 1970 e PPC$ 11.333 mil estimados para 2010),[66] o desenvolvimento social de longo prazo afigurando-se, portanto, compatível ao desempenho econômico alcançado.

A performance social brasileira foi mais expressiva na década de 1970, quando o IDS avançou dos mencionados 3,64 para 5,44, ou seja, a 4,1% anuais. Como esse crescimento foi inferior ao do PIB per capita, que avançou a 6,0% ao ano, pode-se especular que, naqueles 10 anos, o Brasil não teria tirado o devido partido da riqueza gerada pela economia para progredir mais socialmente.

Já nos anos de chumbo para o crescimento, as décadas de 1980 e 1990, a virtual estagnação do PIB per capita, que se mexeu a apenas 0,2% ao ano, não impediu evolução do IDS de 1% ao ano (indo dos mencionados 5,44 em 1980 para 6,67 em 2000).

Mais recentemente (2000-2010), à medida que a produção nacional se aqueceu, embora a fogo ainda brando, com o PIB per capita se expandindo a 2,5% anualmente, os avanços sociais também esquentaram,

---

[65] Ver, sobre o IDS, a terceira parte deste livro, supra. Cf., para exame mais detalhado do IDS, Albuquerque & Pessoa, p. 593-642.

[66] Ver, a respeito, a primeira parte deste livro.

com o IDS avançando a 2,0% anuais e indo dos referidos 6,67 em 2000 para estimados 8,14 em 2010.

O IDS tem se revelado ferramenta útil ao exame da trajetória e características do desenvolvimento social no país, suas regiões e estados — seja em nível agregado (através do IDS), seja desagregado (pelos seus cinco componentes, os Índices de Saúde, Educação, Trabalho, Rendimento e Habitação, além de seus 12 subcomponentes).[67]

O objetivo deste estudo é conceber e construir um Índice de Inclusão Social, IIS, que seja capaz de propiciar visões, sintética e analítica, do processo de inclusão social ocorrido no Brasil, suas regiões e estados nos últimos anos.

O CONCEITO DE INCLUSÃO SOCIAL

A ideia de democracia moderna assenta-se em três princípios fundamentais.

O primeiro deles é o da soberania popular, pelo qual, no dizer de Montesquieu, "o corpo do povo" (a comunidade política) "tem o poder soberano".[68]

O segundo princípio é o da outorga pelo povo (o eleitorado), mediante processo de escolha regulado (as eleições), de parcela do poder político a representantes seus, com mandatos de duração definida e periodicamente renováveis. Os autores de O federalista (1787-8), Alexander Hamilton, James Madison e John Jay, chamam esse sistema de "governo popular" ou "governo republicano".[69] John Stuart Mill denomina-o "governo representativo", considerando-o, "idealmente, a melhor forma de governar".[70] Para ele "não deve haver párias em uma nação civilizada e madura, nem pessoas desqualificadas, salvo por sua própria culpa".[71]

---

[67]Vejam-se a esse propósito, além da terceira parte deste livro, ALBUQUERQUE & PESSOA, cit., bem como os estudos, também publicados pelo Fórum Nacional, ALBUQUERQUE (2008) e ALBUQUERQUE (2005).

[68]"Lorsque, dans la république, le peuple en corps a la souveraine puissance, c'est une démocratie". Cf. MONTESQUIEU, v. 1, parte I, livro II, capítulo 2, p. 39.

[69]Veja-se, por exemplo, The Federalist, n. 10 (Madison), p. 51; n. 9 (Hamilton), p. 48.

[70]MILL, p. 341.

[71]MILL, p. 382.

Pelo terceiro princípio da democracia moderna, o poder político, sobre ser exercido direta ou indiretamente pelo povo, deve ser empregado em seu benefício. Ele foi enunciado por Péricles, em 430 a. C., quando disse que Atenas era uma democracia porque seu governo beneficiava os muitos e não os poucos.[72] Uma democracia, a ateniense, direta, é certo, mas na qual o povo era constituído apenas pelos homens com mais de 20 anos, excluídos as mulheres, os escravos, os estrangeiros: algo como 30 mil cidadãos no tempo de Péricles, 12% dos 250 mil habitantes de Ática.[73]

Aos pensadores do século XVIII um mínimo de suficiência econômica pareceu condição essencial ao exercício do voto e, portanto, à democracia. Hamilton afirma que "um poder sobre a subsistência de um homem equivale a um poder sobre sua vontade".[74] No mesmo sentido, Kant considera que o voto "pressupõe a independência ou autossuficiência do indivíduo".[75]

Fundamentado nesses princípios, o pensamento político evoluiu no século XIX para considerar que a democracia deve realizar-se também em termos econômicos e sociais — de modo a evitar que ela abrigue, ou até estimule, desigualdades e injustiças, assim viciando a liberdade política.[76]

Como corolário dessa evolução conceitual, passou-se a postular do Estado um sistema de educação tão universal quanto o direito do voto, além de capaz de assegurar um padrão mínimo de escolaridade a todos. Na visão dos séculos XVIII e XIX, somente a "educação liberal" — liberal porque voltada para formar o bom julgamento e a consciência crítica, ou seja, a inteligência do homem livre — é capaz de capacitar o indivíduo para o exercício da cidadania em geral, e do direito do voto em particular.[77] É necessário que o Estado se capacite para prover a todos igualdade de oportunidades educacionais.[78]

Ao longo do século XX generalizou-se mundialmente a ideia e a prática da democracia política, social e econômica, capaz de assegurar

---

[72]Cf. TUCÍDIDES, Livro 2, p. 396.
[73]Trata-se da população estimada no tempo de Péricles. Veja-se sobre o assunto Hignett.
[74]*The Federalist*, n. 79 (Hamilton), p. 233.
[75]Kant, p. 436.
[76]Cf. ADLER & GORMAN, v. 1, p. 303-10.
[77]Cf. ADLER & GORMAN, v.1, p. 224.
[78]Veja-se MILL, op. cit., p. 330, 339 e 381.

amplamente direitos de participação em sociedades abertas e de garantir a inserção produtiva e geradora de renda suficiente. Tendo se encorpado no final do século nova onda de globalização, e emergido, com a informática e telemática, a sociedade e economia apoiadas no conhecimento e na informação.[79]

O conceito de inclusão social deita raízes nessas ideias e práticas, cabendo, para os propósitos deste estudo, captar três dimensões essenciais dele.

A primeira exprime-se na chamada inserção econômica. Ela se dá por ocupação produtiva estável e socialmente protegida, além de geradora de renda suficiente ao atendimento das necessidades básicas em economia dinâmica onde a renda e a riqueza sejam bem distribuídas.

A segunda dimensão é a inserção educacional, entendida como a aquisição, sobretudo na escola em seu sentido amplo, das habilidades e qualificações necessárias para viver e participar em economia e sociedade baseadas no conhecimento e informação.

E a terceira diz respeito à inclusão digital, ou seja, ao acesso às ferramentas da informática e telemática, o que supõe o domínio, por meio da educação, dos códigos e linguagens a tanto necessários.

O ÍNDICE DE INCLUSÃO SOCIAL, IIS

O Índice de Inclusão Social, IIS, calculado para o Brasil, suas cinco grandes regiões, as três situações de domicílio (rural, urbana e metropolitana) e as 27 unidades da Federação, intenta mensurar a inclusão social tal como anteriormente concebida. Ele é bastante abrangente, sendo integrado por três componentes e 12 subcomponentes.

O primeiro componente, Emprego e Renda, que gera Índice de Inserção Econômica, é calculado a partir de quatro subcomponentes ou indicadores: (1) a taxa de ocupação, ou seja, a percentagem da população economicamente ativa, PEA, ocupada; (2) o grau de formalização do emprego, ou seja, a percentagem dos empregados remunerados e

---

[79]Para exame mais detido dos princípios da democracia moderna, ver ALBUQUERQUE (2009).

com carteira assinada; (3) a proporção de não pobres na população; e (4) a taxa de igualdade, ou seja, o complemento para 1 do coeficiente de Gini.

O segundo componente, Educação e Conhecimento, que se expressa no Índice de Inserção Educacional, é também formado por quatro subcomponentes: (1) a taxa de alfabetização da população de 15 anos ou mais; (2) a percentagem das pessoas com 15 anos ou mais e com 4 anos ou mais de estudo; (3) a percentagem das pessoas com 20 anos ou mais e 9 anos ou mais de estudo; e (4) a percentagem das pessoas de 24 anos ou mais e 12 anos ou mais de estudo.

O terceiro e último componente, Informação e Comunicação, de que decorre o Índice de Inclusão Digital, é obtido a partir de quatro outros indicadores: (1) o percentual dos domicílios com microcomputador; (2) o percentual dos domicílios com acesso à Internet; (3) o percentual dos domicílios com televisão; e o percentual dos domicílios com pelo menos um telefone, fixo ou celular.[80]

O ISS foi calculado com base em tabulações especiais da Pesquisa Nacional por Amostra de Domicílios, Pnad, do IBGE, para os anos de 2001, 2008 e 2009, dispondo-se de estimativa para 2010 obtida mediante projeção da tendência evolutiva observada entre 2001 e 2009.[81]

O IIS, VISÃO DE CONJUNTO

A Tabela 21 apresenta a escala da inclusão social no Brasil (total, rural, urbano e metropolitano), regiões (total, rural, urbano e metropolitano), e estados (inclusive o Distrito Federal), para 2009, por ordem decrescente do IIS. Treze dessas situações sociais obtêm grau de inclusão social considerado médio-alto (IIS menor que 8,50 e igual ou maior que 7,00); 27 situações, inclusão social considerada médio-baixa (IIS menor que 7,00 e igual ou maior que 5,00); e dez outras, inclusão social considerada baixa (IIS menor do que 5,00).[82]

---

[80]Para o cálculo do IIS, ver o Apêndice Metodológico, ao final deste livro.
[81]Ver o Anexo VII para os dados do IIS, componentes e subcomponentes, relativos a 2001 e 2009.
[82]Segundo essa classificação, em 2009, IIS igual ou maior que 8,50 teria grau de inclusão social considerado alto.

Desponta em primeiro lugar o estado de Santa Catarina, com nota 8,14, seguido do Sul metropolitano (que corresponde às grandes Curitiba e Porto Alegre), com IIS de 8,12, e do Sul urbano, com nota 7,88. O Distrito Federal, com 7,80, que corresponde ao Centro-Oeste metropolitano, vem em quarto lugar e São Paulo, com nota 7,78, em quinto lugar.

O Brasil ocupa o 21º lugar, com IIS de 6,51, com o Brasil metropolitano ficando com o 13º lugar (nota 7,37), o Brasil urbano, com o 17º (6,68) e o Brasil rural, com o 48º (4,10), ou o penúltimo lugar.

A ordem das regiões segundo o IIS é encabeçada pelo Sul (nota 7,63, 6º lugar), seguido pelo Sudeste (nota 7,38, 12º lugar), Centro-Oeste (6,69, 16º lugar), Norte (5,45, 33º lugar) e Nordeste (4,82, 43º lugar).

Estão na lanterninha dos estados o Piauí (4,51, 45º lugar), Alagoas (4,41, 46º lugar) e Maranhão (4,40, 47º lugar). Abaixo deles, além do Brasil rural, já referido (48ª posição), estão o Norte rural (3,92, 49º lugar) e o Nordeste rural (3,27, 50º lugar).

O Gráfico 23 retrata a escala da inclusão social no Brasil em 2009, deixando evidente a predominância de graus de inclusão considerados médio-baixos. Para o Brasil, o crescimento médio anual do IIS foi de 4,8% em 2001-2009, claramente superior ao do PIB per capita no mesmo período (2,1%).[83]

Note-se que as taxas de crescimento do IIS correlacionam-se inversamente aos níveis de IIS alcançados, sendo tendencialmente menores nos IIS médio-altos (entre 4,9% e 3,7% ao ano) e maiores nos IIS baixos (entre 8,4% e 5,6%).

A Tabela 21 apresenta ainda o IIS para 2010, estimativa resultante de projeção da tendência observada em 2001-2009.

Ressalte-se que, de acordo com o IIS de 2010, o Espírito Santo (com nota 7,24), o Centro-Oeste Urbano (7,09), o Centro-Oeste (7,07), o Brasil Urbano (7,01) e Minas Gerais (7,01%) passam a ter médio-alta inclusão

---

[83]Isso significa que, nesse período, um crescimento médio anual do PIB per capita de 1% associou-se a incremento do IIS de 2,3%.

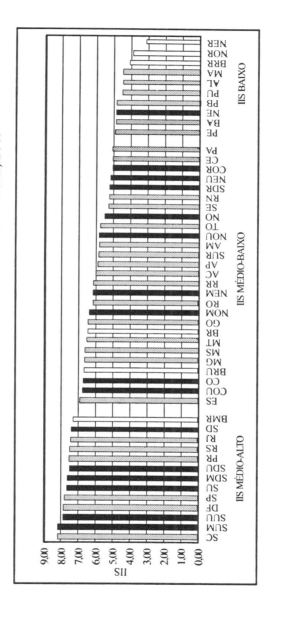

GRÁFICO 23
A ESCALA DA INCLUSÃO SOCIAL NO BRASIL, 2009

social. E que se incluem entre os de médio-baixa inclusão a Bahia (nota 5,24), Pernambuco (5,17), o Nordeste (5,16) e a Paraíba (5,08).

TABELA 21

O ÍNDICE DE INCLUSÃO SOCIAL, IIS, 2009-2010: BRASIL, REGIÕES, ESTADOS E DOMICÍLIOS

Ordem do IIS 2009	Brasil, regiões, estados, e situações dos domicílios	2009	Crescimento* 2001-2009	IIS 2010 (estimativa)	
	Médio-alta inclusão social: IIS de 2009 menor que 8,50 e igual ou maior que 7,00				
1	Santa Catarina	8,14	3,8	8,46	SC
2	Sul Metropolitano	8,12	3,7	8,43	SUM
3	Sul Urbano	7,88	4,0	8,21	SUU
4	Distrito Federal**	7,80	4,0	8,23	DF
5	São Paulo	7,78	3,9	8,09	SP
6	Sul	7,63	4,2	7,96	SU
7	Sudeste Metropolitano	7,63	3,9	7,93	SDM
8	Sudeste Urbano	7,50	4,3	7,83	SDU
9	Paraná	7,49	4,9	7,86	PR
10	Rio Grande do Sul	7,48	3,9	7,78	RS
11	Rio de Janeiro	7,40	4,0	7,70	RJ
12	Sudeste	7,38	4,3	7,70	SD
13	BRASIL METROPOLITANO	7,37	4,0	7,67	BRM
	Médio-baixa inclusão social: IIS de 2009 menor que 7,00 e igual ou maior que 5,00				
14	Espírito Santo	6,86	5,4	7,24	ES
15	Centro-Oeste Urbano	6,73	5,3	7,09	COU
16	Centro-Oeste	6,69	5,5	7,07	CO
17	BRASIL URBANO	6,68	4,8	7,01	BRU
18	Minas Gerais	6,66	5,1	7,01	MG
19	Mato Grosso do Sul	6,62	4,9	6,95	MS
20	Mato Grosso	6,51	6,3	6,94	MT
21	BRASIL	6,51	4,8	6,82	BR
22	Goiás	6,42	5,7	6,78	GO
23	Norte Metropolitano	6,34	4,4	6,63	NOM
24	Rondônia	6,17	4,7	6,46	RO

(cont.)

Ordem do IIS 2009	Brasil, regiões, estados, e situações dos domicílios	2009	Crescimento* 2001-2009	IIS 2010 (estimativa)	
	Médio-baixa inclusão social: IIS de 2009 menor que 7,00 e igual ou maior que 5,00				
25	Nordeste Metropolitano	6,16	5,0	6,48	NEM
26	Roraima	6,14	5,7	6,51	RR
27	Acre	5,97	4,1	6,22	AC
28	Amapá	5,86	2,0	6,00	AP
29	Sul Rural	5,79	5,5	6,13	SUR
30	Amazonas	5,78	3,3	5,97	AM
31	Norte Urbano	5,77	5,1	6,07	NOU
32	Tocantins	5,74	9,6	6,32	TO
33	Norte	5,45	4,3	5,69	NO
34	Sergipe	5,23	5,6	5,53	SE
35	Rio Grande do Norte	5,22	4,9	5,49	RN
36	Sudeste Rural	5,15	7,1	5,53	SDR
37	Nordeste Urbano	5,13	6,2	5,45	NEU
38	Centro-Oeste Rural	5,03	7,6	5,50	COR
39	Ceará	5,02	7,3	5,39	CE
40	Pará	5,01	3,9	5,21	PA
	Baixa inclusão social: IIS de 2009 menor que 5,00				
41	Pernambuco	4,88	5,9	5,17	PE
42	Bahia	4,86	7,8	5,24	BA
43	Nordeste	4,82	7,0	5,16	NE
44	Paraíba	4,81	5,6	5,08	PB
45	Piauí	4,51	7,9	4,88	PU
46	Alagoas	4,41	8,2	4,77	AL
47	Maranhão	4,40	8,2	4,77	MA
48	BRASIL RURAL	4,10	8,4	4,52	BRR
49	Norte Rural	3,92	...	3,98	NOR
50	Nordeste Rural	3,27	7,9	3,59	NER

*Crescimento médio anual (%). **Ou Centro-Oeste metropolitano.
FONTES: IBGE-Pnads de 2001 e 2009 (tabulações especiais). Ver o Anexo VII e o Apêndice Metodológico.

O IIS DO BRASIL E SEUS COMPONENTES

A Tabela 22 e o Gráfico 24 desdobram os IIS brasileiros de 2001 e 2009 em seus três componentes, medindo-lhes as taxas de crescimento.

TABELA 22
BRASIL: ÍNDICE DE INCLUSÃO SOCIAL, IIS, E COMPONENTES, 2001 E 2009

Discriminação	IIS 2001	IIS 2009	Variação, % 2001-9	Crescimento* 2001-2009
Índice de Inclusão Social, IIS	4,46	6,51	45,9	4,8
Componente Emprego e Renda	4,32	6,02	39,3	4,2
Componente Educação e Conhecimento	4,62	6,29	36,3	3,9
Componente Informação e Comunicação	4,43	7,20	62,5	6,3

*Crescimento médio anual, %.
FONTES: IBGE-Pnads, 2001 e 2009 (tabulações especiais). Ver o Anexo VII e o Apêndice Metodológico.

GRÁFICO 24
BRASIL: IIS E COMPONENTES, 2001 E 2009

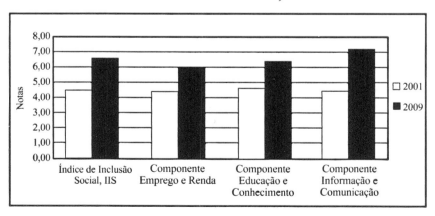

148

Note-se que o IIS relativo ao país avançou 46% ou a 4,8% anuais entre 2001 e 2009, saltando da nota 4,46 para a nota 6,51.

O componente Informação e Comunicação, ou seja, o Índice de Inclusão Digital, foi o que prosperou mais, pulando 63% ou 6,3% ao ano.

Exibem desempenho inferior ao do IIS tanto o componente Emprego e Renda, ou Índice de Inserção Econômica (39% e 4,2%, respectivamente) quanto o componente Educação e Conhecimento, ou Índice de Inserção Educacional, o que menos progrediu (36% e 3,9%).

DESIGUALDADES REGIONAIS, I: COMPONENTES

As desigualdades regionais, medidas pelo IIS e seus componentes, apresentadas na Tabela 23, reproduzem quadro de disparidades espaciais muito semelhante seja ao retratado pelos IDS, seja o visualizado, por exemplo, pelos PIBs per capita.

Em 2001, de um lado os IIS do Nordeste e do Norte correspondiam a 63% e 87% do brasileiro, os Índices de Inserção Econômica, 66% e 85%; os Índices de Inserção Educacional, 62% e 94%, e os Índices de Inclusão Digital, de 62% e 82%.[84]

De outro lado, os IIS do Sul e Sudeste eram 23% e 18% superiores aos do país, os Índices de Inserção Econômica, 53% e 15%, os de Inserção Educacional, 9% e 19%, e os de Inclusão Digital, 9% e 21%, respectivamente.

No meio, os IIS e componentes do Centro-Oeste situavam-se em níveis próximos dos brasileiros: 98% no caso do IIS, 92% com relação à Inserção Econômica, mais 5% no caso da Inserção Educacional e 97% com relação à Inclusão Digital.

Ao longo da década (entre 2001 e 2009), os IIS do Nordeste e Centro-Oeste cresceram mais que o brasileiro (a 7,0% e 5,5% anuais, confrontados com 4,8% para o país), os das demais regiões, menos (Norte, 4,3%; Sudeste, 4,3%; Sul, 4,2%). Os piores desempenhos regionais por componentes foram: Emprego e Renda, Sul (taxa de crescimento

---

[84]Por Norte entenda-se apenas o Norte urbano, pois a Pnad de 2001 ainda não cobriu o meio rural dessa região.

de 2,5% anuais) e Sudeste (3,9%); Educação e Conhecimento, Norte (3,2%) e Sudeste (3,4%); Informação e Comunicação, Norte (5,1%) e Sudeste (5,5%).

TABELA 23

BRASIL: DESIGUALDADES REGIONAIS MEDIDAS PELO IIS E COMPONENTES, 2001 E 2009

Discriminação	Notas		Variação, %	Crescimento*	Brasil = 100	
	2001	2009	2001-2009	2001-2009	2001	2009
Índice de Inclusão Social, IIS						
Brasil	4,46	6,51	45,9	4,8	100	100
Norte	3,88	5,45	40,4	4,3	87	84
Nordeste	2,81	4,82	71,7	7,0	63	74
Sudeste	5,28	7,38	39,9	4,3	118	114
Sul	5,48	7,63	39,1	4,2	123	117
Centro-Oeste	4,37	6,69	53,3	5,5	98	103
Componente Emprego e Renda, IIE						
Brasil	4,32	6,02	39,3	4,2	100	100
Norte	3,67	5,35	46,0	4,8	85	89
Nordeste	2,84	4,45	56,8	5,8	66	74
Sudeste	4,96	6,76	36,3	3,9	115	112
Sul	6,62	8,07	21,9	2,5	153	134
Centro-Oeste	3,96	5,84	47,4	5,0	92	97
Componente Educação e Conhecimento, IID						
Brasil	4,62	6,29	36,3	3,9	100	100
Norte	4,35	5,60	28,7	3,2	94	89
Nordeste	2,85	4,58	60,6	6,1	62	73
Sudeste	5,50	7,17	30,4	3,4	119	114
Sul	5,01	6,81	35,8	3,9	109	108
Centro-Oeste	4,85	6,61	36,2	3,9	105	105
Componente Informação e Comunicação, IIC						
Brasil	4,43	7,20	62,5	6,3	100	100
Norte	3,63	5,40	48,9	5,1	82	75
Nordeste	2,73	5,43	98,6	9,0	62	75
Sudeste	5,38	8,22	53,0	5,5	121	114
Sul	4,82	8,01	66,1	6,6	109	111
Centro-Oeste	4,29	7,41	72,9	7,1	97	103

*Crescimento médio anual, %.
FONTES: IBGE-Pnads de 2001 e 2009 (tabulações especiais). Ver o Anexo VII e o Apêndice Metodológico.

Houve no período em exame sensível redução das disparidades regionais, tanto com respeito ao IIS quanto a seus três componentes. O coeficiente de variação, V, para o IIS caiu de 24,9% para 19,1%, (queda de 23%), com Vs para os componentes Emprego e Renda e Educação e Conhecimento decrescendo mais rapidamente (de 32,9% para 22,7%, com redução de 31%; e de 22,5% para 17,1% e redução de 24%). Mas caindo menos no componente Informação e Comunicação: de 22,7% para 20,0%, com queda de 19%.

O Gráfico 25 apresenta o IIS e componentes para 2009 por regiões (Brasil = 100). Note-se que, enquanto o Nordeste e o Norte continuam sempre abaixo de 100 e o Sul e o Sudeste sempre acima desse valor, o Centro-Oeste se situa em torno dele, com o IIS e o componente Informação e Comunicação no nível 103, o componente Emprego e Renda a ele inferior (97) e o componente Educação e Conhecimento, superior (105).

GRÁFICO 25
BRASIL E REGIÕES: IIS E COMPONENTES, 2009 (BRASIL = 100)

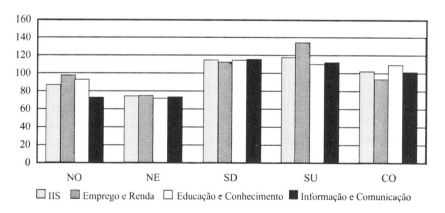

DESIGUALDADES REGIONAIS, II: SUBCOMPONENTES

As desigualdades regionais no nível dos 12 subcomponentes do IIS estão apresentadas, para 2001 e 2009, na Tabela 24. Cabe examiná-las, ainda que brevemente.

EMPREGO E RENDA

A taxa de ocupação para o Brasil recuperou-se lentamente entre 2001 e 2009. Refletindo conjuntura econômica desfavorável, ela fora de 90,7% em 2001 (correspondente a desocupação de 9,3%), tendo avançado em 2009, ano de baixo crescimento econômico, para 91,7% (desocupação de 8,3%). Seu nível mais baixo esteve no Sudeste (89,2% em 2001 e 91,1% em 2009), onde foi mais acentuada a anemia do crescimento da produção. Nas demais regiões, as variações, geralmente discretas em relação à brasileira, refletem contingências locais afetando o comportamento da economia. O Sul tem o melhor desempenho nesse subcomponente.[85]

O grau de formalização do emprego evoluiu no país de 57% em 2001 para 63% dos empregados em 2009, crescendo 10,4% no período (1,3% ao ano). Essa proteção social ao trabalho continuou escassa no Nordeste (embora tenha avançando de 40% dos empregados para 46%, ou seja, 13,4%) e no Norte (onde subiu de 41% para 47%, isto é, 14,7%). O Sul manteve a dianteira nesse indicador.

A proporção de não pobres evoluiu de 65% da população do país em 2001 para 78% em 2009 (redução da pobreza de 35% para 22%, ou queda de 13%). Num extremo, o Nordeste, esses percentuais foram, respectivamente, 49% e 66% (redução de 51% para 34% ou de 17,1%); no outro, o Sul, eles foram 82% e 92% (redução da pobreza de 18% para 8%, ou de 10%).

O coeficiente (ou taxa) de igualdade (o complemento para 1 do coeficiente de Gini multiplicado por 10) cresceu em todas as regiões, alcançando, em 2009, 5,15 no Sul, 4,96 no Sudeste, 4,77 no Norte, 4,47 no Centro-Oeste e 4,44 no Nordeste (4,63 no Brasil), refletindo uma tendência para a lenta melhoria nas disparidades interpessoais de renda que vem de 1997.

---

[85]De acordo com a Pesquisa Mensal de Emprego do IBGE, em meados de 2010, ano de alto crescimento, a taxa de ocupação (regiões metropolitanas) estava em torno de 7%.

O Gráfico 26 retrata a situação, em 2009, dos subcomponentes grau de formalização do emprego e proporção de não pobres.

GRÁFICO 26
BRASIL E REGIÕES: SUBCOMPONENTES DO IIS, 2009 (I)

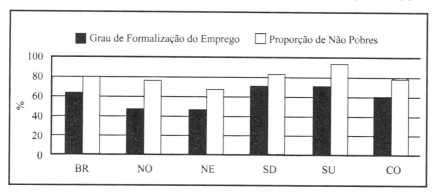

EDUCAÇÃO E CONHECIMENTO

As já pequenas diferenciações inter-regionais na taxa de alfabetização no Brasil, observadas em 2001, reduziram-se mais ao longo da década passada. Em 2009, a taxa de alfabetização das pessoas de 15 anos e mais foi, no Nordeste, 81,3%, equivalente a 90% da brasileira que era 90,3%. A do Norte, atingindo, 89,4%, representava 99%; a do Centro-Oeste, 92,0%, chegava a 102%; e as do Sul e Sudeste, 94,5% e 94,3%, respectivamente, sendo superiores à nacional em 5% e 4%.

Em 2009, a percentagem das pessoas com quatro anos ou mais de estudo, baixa no Nordeste (59,6%, equivalente a 86% da brasileira, que foi 68,8%), já alcançara 98% da nacional no Norte, 105% no Sul e Centro-Oeste e 106% no Sudeste.

TABELA 24
BRASIL: DESIGUALDADES REGIONAIS MEDIDAS PELOS SUBCOMPONENTES DO IIS, 2001 E 2009

Discriminação	Brasil		Norte		Nordeste		Sudeste		Sul		Centro-Oeste	
	2001	2009	2001	2009	2001	2009	2001	2009	2001	2009	2001	2009
Componente Emprego e Renda												
Taxa de Ocupação, %	90,7	91,7	90,4	91,4	91,3	91,1	89,2	91,1	93,5	94,0	91,1	92,1
Taxa de Formalização do Emprego, %	56,5	62,6	41,4	46,6	39,6	45,8	63,7	70,2	65,5	70,3	48,7	60,3
Proporção de Não Pobres, %	64,9	78,2	58,9	74,7	49,3	66,4	70,6	82,1	82,1	92,3	62,2	77,8
Taxa de Igualdade	4,12	4,63	4,38	4,77	4,04	4,44	4,42	4,96	4,58	5,15	4,10	4,47
Componente Educação e Conhecimento												
Taxa de Alfabetização, %	87,6	90,3	88,8	89,4	75,8	81,3	92,5	94,3	92,9	94,5	89,8	92,0
Pessoas com 4 anos ou mais de estudo, %	58,8	68,8	62,3	67,4	45,8	59,6	64,5	72,9	62,7	72,4	61,2	72,2
Pessoas com 9 anos ou mais de estudo, %	31,8	45,0	33,5	42,8	23,6	36,5	36,2	50,0	31,6	45,0	33,1	47,4
Pessoas com 12 anos ou mais de estudo, %	10,2	14,8	6,7	11,1	5,6	9,3	12,8	17,7	11,3	16,9	10,5	16,8
Componente Informação e Comunicação												
Domicílios com microcomputador, %	12,6	34,7	6,5	20,3	5,2	18,5	17,3	43,7	13,9	42,6	10,6	35,7
Domicílios com Internet, %	8,5	27,4	4,0	13,2	3,5	14,4	12,0	35,4	8,7	32,8	7,4	28,2
Domicílios com televisão, %	89,1	95,7	86,1	90,8	78,4	92,5	94,4	97,9	92,3	96,9	88,5	95,7
Domicílios com um ou mais telefones fixos ou celulares, %	58,9	84,3	51,6	72,4	35,9	66,8	70,6	88,9	64,8	89,8	59,9	87,9

(cont.)

Discriminação	Brasil		Norte		Nordeste		Sudeste		Sul		Centro-Oeste	
	2001	2009	2001	2009	2001	2009	2001	2009	2001	2009	2001	2009
Componente Emprego e Renda												
Taxa de Ocupação, %	100	100	100	100	101	99	98	99	103	103	101	100
Taxa de Formalização do Emprego, %	100	100	73	74	70	73	113	112	116	112	86	96
Proporção de Não Pobres, %	100	100	91	96	76	85	109	105	127	118	96	100
Taxa de Igualdade	100	100	106	103	98	96	107	107	111	111	100	97
Componente Educação e Conhecimento												
Taxa de Alfabetização, %	100	100	101	99	86	90	106	104	106	105	102	102
Pessoas com 4 anos ou mais de estudo, %	100	100	106	98	78	87	110	106	107	105	104	105
Pessoas com 9 anos ou mais de estudo, %	100	100	105	95	74	81	114	111	99	100	104	105
Pessoas com 12 anos ou mais de estudo, %	100	100	65	74	55	63	125	119	111	114	103	113
Componente Informação e Comunicação												
Domicílios com microcomputadores, %	100	100	52	58	42	53	138	126	110	123	85	103
Domicílios com Internet, %	100	100	47	48	42	53	141	129	102	120	86	103
Domicílios com televisão, %	100	100	97	95	88	97	106	102	104	101	99	100
Domicílios com um ou mais telefones fixos ou celulares, %	100	100	88	86	61	79	120	105	110	107	102	104

FONTES: IBGE-PNADS de 2001 e 2009 (tabulações especiais). Ver o Anexo VII e o Apêndice Metodológico.

São maiores as disparidades tanto no caso da percentagem das pessoas com 9 anos ou mais de estudo (81% da brasileira em 2009 no Nordeste, 95% no Norte, 100% no Sul, 105% no Centro-Oeste e 111% no Sudeste) quanto no caso das pessoas com 12 anos ou mais de estudo (63% no Nordeste, 74% no Norte, 113% no Centro-Oeste, 114% no Sul e 119% no Sudeste).

O Gráfico 27 traz os graus de escolaridade (4 anos ou mais, 9 anos ou mais e 12 anos ou mais), em 2009, para o Brasil e regiões.

GRÁFICO 27
BRASIL E REGIÕES: SUBCOMPONENTES DO IIS, 2009 (II)

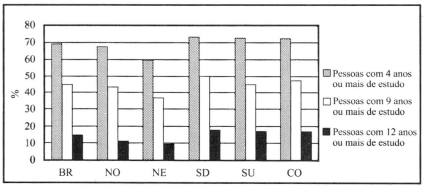

INFORMAÇÃO E COMUNICAÇÃO

A disponibilidade domiciliar das ferramentas da inclusão digital (microcomputadores, Internet, televisão e telefone) progrediu rapidamente no Brasil ao longo da década passada.

Em 2001, no Brasil como um todo, o percentual dos domicílios com microcomputadores era de 12,6%, com Internet, 8,5%, com televisão, 89,1% e com um ou mais telefones fixos ou celulares, 58,9%. Oito anos depois, em 2009, esses percentuais haviam alcançado, respectivamente, 34,7%, 27,4%, 95,7% e 84,3%.

Configura-se, portanto, verdadeira revolução digital no país. Ela abriga, é certo, grandes desigualdades inter-regionais. No Nordeste, o percentual de domicílios com computadores em 2001, 5,2%, era apenas 42% do brasileiro; o de domicílios com Internet, 3,5%, os mesmos

42%. Essas participações se elevaram em 2009: para 18,5% no caso dos microcomputadores (53%) e 14,4% no caso da Internet (novamente, 53% do indicador brasileiro). Mas as desigualdades entre o Nordeste e o país continuavam muito elevadas.

É de ressaltar-se que, já em 2001, era alto no Nordeste o percentual dos domicílios que possuíam televisão: 78,4% deles, percentual equivalente a 88% do brasileiro. Esses números evoluíram muito rapidamente: para 92,5% e 97% em 2009, respectivamente.

Nessa região, o percentual de domicílios com telefone (fixo ou celular) explodiu de 35,9% em 2001 para 66,8% em 2009, equivalentes, respectivamente, a 61% e 79% dos valores nacionais.

Em 2009, o Norte posicionava-se melhor que o Nordeste nos percentuais de domicílios com microcomputadores (20,3% comparados com 18,5%) e com telefones fixos ou celulares (72,4%, comparados a 66,8%). A região perdia ligeiramente em Internet (13,2% confrontados a 14,4%) e televisão (90,8% contra 92,5%).

Nessa corrida pela inclusão digital, o Centro-Oeste também acelerou o passo em relação ao país, com o Sul revelando a tendência de seguir o ritmo brasileiro e o Sudeste, já relativamente muito bem nesse avançado segmento em 2001, segurando mais a cadência evolutiva (Tabela 25).

O Gráfico 28 retrata a disponibilidade domiciliar de microcomputadores, televisão e telefone fixo ou celular, em 2009, para o Brasil e regiões.

GRÁFICO 28
BRASIL E REGIÕES: SUBCOMPONENTES DO IIS, 2009 (III)

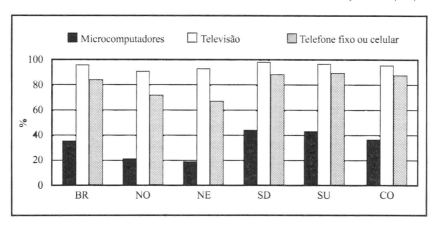

HIATOS METROPOLITANOS, URBANOS E RURAIS

A Tabela 25 reapresenta os IIS, segundo as situações de domicílio: rurais, urbanas, metropolitanas, para 2001 e 2009.

Observe-se que há nesse plano grandes disparidades de níveis de inclusão social, no Brasil como um todo e em cada situação de domicílio. Elas são maiores entre as situações rurais e metropolitanas do que entre as rurais e urbanas ou as urbanas e metropolitanas.

Em 2001, por exemplo, o IIS para o Brasil rural foi de 2,15, o urbano, 4,60 e o metropolitano, 5,37, notas essas correspondentes, respectivamente, a 48%, 103% e 121% da brasileira, que foi 4,46. Em 2009, essas disparidades foram menores, embora persistindo muito elevadas: os IIS do Brasil rural, 4,10, urbano (6,68) e metropolitano (7,37) corresponderam respectivamente 63%, 103% e113% do nacional (6,51).

Essas distâncias tendem a ocorrer também, em maior ou menor grau, nas regiões, tendo sido em geral atenuadas em 2009. Repete-se, portanto, no caso dessas três situações de domicílio, o mesmo fenômeno da aproximação, ou convergência, já observado entre regiões e que, adiante, será confirmado com o exame dos IIS dos estados.

Por situações, o processo de inclusão social vem sendo mais rápido no meio rural do que no urbano e mais rápido no meio urbano do que no metropolitano.

Essa tendência está expressa, para o Brasil e regiões, nas colunas 4 a 7 da Tabela 25, que medem a variação, absoluta e relativa, e o crescimento dos IIS entre 2001 e 2009.

Para o Brasil, a variação percentual do IIS rural nesse período foi de 91,2%; a do urbano, 45,2%, e a do metropolitano, 37,3%. O crescimento médio anual do IIS foi, no primeiro caso, de 8,4%, no segundo, 4,8%, no terceiro, 4,0%.

Tanto em 2001 quanto 2009, sobressaem os hiatos entre o Nordeste rural (notas 1,78 em 2001 e 3,27 em 2009) e o Brasil, a nota da região sendo 40% da nota do país como um todo em 2001, 50% em 2009.

São também elevadas as disparidades entre o Norte rural e o país (60% em 2009, não se dispondo de dados para 2001) e entre o Brasil rural e o país como um todo (48% em 2001 e 63% em 2009).

Os dados da Tabela 25 revelam que as vantagens do Sul, Sudeste e Centro-Oeste metropolitanos atenuam-se consideravelmente entre 2001 e 2009, ao passo que emergem suas contrapartes urbanas, deles aproximando-se significativamente.

TABELA 25

BRASIL E REGIÕES: IIS, SEGUNDO AS SITUAÇÕES DO DOMICÍLIO, 2001 E 2009

Discriminação	IIS		Variação, %	Crescimento*	Brasil = 100	
	2001	2009	2001-2009	2001-2009	2001	2009
BRASIL	**4,46**	**6,51**	**45,9**	**4,8**	**100**	**100**
Brasil rural	2,15	4,10	91,2	8,4	48	63
Brasil urbano	4,60	6,68	45,2	4,8	103	103
Brasil metropolitano	5,37	7,37	37,3	4,0	121	113
Norte	**3,88**	**5,45**	**40,4**	**4,3**	**87**	**84**
Norte rural	..	3,92	..	...	...	60
Norte urbano	3,87	5,77	49,3	5,1	87	89
Norte metropolitano	4,50	6,34	40,9	4,4	101	98
Nordeste	**2,81**	**4,82**	**71,7**	**7,0**	**63**	**74**
Nordeste rural	1,78	3,27	84,2	7,9	40	50
Nordeste urbano	3,17	5,13	62,0	6,2	71	79
Nordeste metropolitano	4,18	6,16	47,4	5,0	94	95
Sudeste	**5,28**	**7,38**	**39,9**	**4,3**	**118**	**114**
Sudeste rural	2,97	5,15	73,4	7,1	67	79
Sudeste urbano	5,34	7,50	40,6	4,3	120	115
Sudeste metropolitano	5,61	7,63	35,9	3,9	126	117
Sul	**5,48**	**7,63**	**39,1**	**4,2**	**123**	**117**
Sul rural	3,78	5,79	53,0	5,5	85	89
Sul urbano	5,75	7,88	36,9	4,0	129	121
Sul metropolitano	6,05	8,12	34,2	3,7	136	125
Centro-Oeste	**4,37**	**6,69**	**53,3**	**5,5**	**98**	**103**
Centro-Oeste rural	2,80	5,03	80,0	7,6	63	77
Centro-Oeste urbano	4,45	6,73	51,4	5,3	100	104
Centro-Oeste metropolitano	5,69	7,80	37,1	**4,0**	128	120

*Crescimento médio anual, %.

FONTES: IBGE-Pnads de 2001 e 2009 (tabulações especiais). Ver Anexo VII e Apêndice Metodológico.

A Tabela 26 traz a exame os hiatos urbano-rurais, urbano-metropolitanos e metropolitano-rurais de IIS, os quais correspondem aos cocientes entre os IIS respectivos.

Veja-se que os hiatos de 2001 são sistematicamente maiores do que os de 2009, o que nos diz que houve, ao longo desse período, reduções generalizadas das disparidades de inclusão social.

TABELA 26

BRASIL E REGIÕES: HIATOS DE INCLUSÃO SOCIAL, 2001-2009

	2001	2009	Variação, %
Urbano-rurais			
Brasil	2,14	1,63	-24,0
Norte	...	1,47	...
Nordeste	1,78	1,57	-12,0
Sudeste	1,80	1,46	-18,9
Sul	1,52	1,36	-10,5
Centro-Oeste	1,59	1,34	-15,9
Metropolitano-urbanos			
Brasil	1,17	1,10	-5,5
Norte	1,16	1,10	-5,6
Nordeste	1,32	1,20	-9,0
Sudeste	1,05	1,02	-3,3
Sul	1,05	1,03	-2,0
Centro-Oeste	1,28	1,16	-9,5
Metropolitano-rurais			
Brasil	2,50	1,80	-28,2
Norte	...	1,62	...
Nordeste	2,35	1,88	-20,0
Sudeste	1,89	1,48	-21,6
Sul	1,60	1,40	-12,3
Centro-Oeste	2,03	1,55	-23,8

FONTE: Tabela 25.

Para o Brasil, o hiato urbano-rural de 2001 foi de 2,14, tendo caído para 1,63 em 2009 (ou seja, o hiato entre o IIS do Brasil urbano e o IIS do Brasil rural se reduziu 24% entre 2001 e 2009) O hiato metropolitano-urbano foi de 1,17 em 2001, caindo para 1,10 em 2009 (ou seja, reduziu-se em 5,5%). E o hiato metropolitano-rural, de 2,50 em 2001 despencou para 1,80 em 2009, reduzindo-se 28,2% no período.

Essas reduções são compreensivelmente maiores, tanto para o Brasil quanto para as regiões, no caso dos hiatos metropolitano-rurais. E sempre menores que elas no caso dos hiatos urbano-rurais. São, finalmente, inferiores a essas últimas no caso dos hiatos metropolitano-urbanos.

Elas estão mensuradas, para o país e as regiões, na última coluna da Tabela 26, que mede a redução ocorrida nesses hiatos entre 2001 e 2009 como percentual do valor obtido em 2001.

Para o Sudeste, por exemplo, a redução ocorrida, entre 2001 e 2009, no hiato metropolitano-rural foi de 21,6%; no hiato urbano-rural, 18,9%; e no hiato metropolitano-urbano, 3,3%. Na região Nordeste, esses hiatos foram, respectivamente, 20,0%, 12,0% e 9,0%.

Esse mesmo padrão de diferenças repete-se, embora atenuado, no Sul, com redução de 12,3% no hiato metropolitano-rural, de 10,5% no urbano-rural e de 2,0% no metropolitano-urbano. Dispara, contudo, no Centro-Oeste, que exibe reduções de, respectivamente, 23,8%, 15,9% e 9,5%.

No Nordeste e Centro-Oeste, sobressai a redução ocorrida no hiato metropolitano-urbano, de 9,0% no primeiro caso, e 9,5% no segundo. Elas se explicam, no Nordeste, por ser a rede regional de cidades integrada por uma miríade de núcleos urbanos de pequeno porte, aproximando-se muito, em suas características econômico-sociais e de condições de vida e bem-estar, dos meios rurais circundantes. E, no Centro-Oeste, pela grande distância econômico-social que se definiu ao longo das últimas décadas entre o seu centro metropolitano, o Distrito Federal, e os meios urbanos ainda ralos e espalhados pelo planalto central do Brasil.

O Gráfico 29 espelha bem esses fenômenos, nos dois anos observados, para o Brasil e suas regiões e as três situações de domicílio consideradas.

Gráfico 29
BRASIL E REGIÕES: HIATOS DE INCLUSÃO SOCIAL, 2001 E 2009

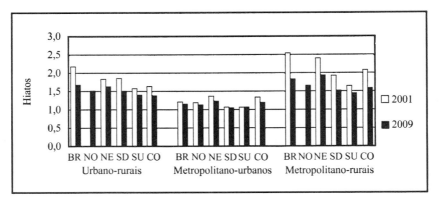

DESIGUALDADES ENTRE OS ESTADOS: CONVERGÊNCIA

As disparidades de níveis de inclusão social entre os estados (neles incluídos o Distrito Federal), ordenados segundo a ordem decrescente do IIS de 2009, estão contidas na Tabela 27 e no Gráfico 30.

As colunas 6 e 7 dessa tabela apresentam os IIS de 2001 e 2009 dos estados considerando os do Brasil iguais a 100. Os relativos a Santa Catarina, por exemplo, são 36% e 25% superiores aos brasileiros respectivamente em 2001 e 2009; os de Alagoas e Maranhão, valem apenas 53% e 68% dos nacionais.

Os coeficientes de variação, V, dos IIS para 2001 e 2009 (colunas 3 e 4), de 27,6% no primeiro caso e 18,9% no segundo, evidenciam a redução das disparidades interestaduais de graus de inclusão social ocorrida ao longo da década.

A esse propósito, observe-se que há correspondência inversa entre as notas dos IIS para 2009 (coluna 4) e as variações percentuais deles, ocorridas no período 2001-2009 (coluna 5). Elas tendem a ser menores para as notas mais altas, maiores para as mais baixas.

TABELA 27

DESIGUALDADES INTERESTADUAIS MEDIDAS PELO IIS,
2001 E 2009

Estados, por ordem do IIS de 2009	IIS		Variação, %	Brasil = 100	
	2001	2009	2001-2009	2001	2009
1 Santa Catarina	6,05	8,14	34,4	136	125
2 Distrito Federal	5,69	7,80	37,1	128	120
3 São Paulo	5,71	7,78	36,3	128	120
4 Paraná	5,13	7,49	46,1	115	115
5 Rio Grande do Sul	5,52	7,48	35,5	124	115
6 Rio de Janeiro	5,42	7,40	36,6	122	114
7 Espírito Santo	4,51	6,86	52,2	101	105
8 Minas Gerais	4,46	6,66	49,4	100	102
9 Mato Grosso do Sul	4,50	6,62	46,9	101	102
10 Mato Grosso	3,99	6,51	63,4	89	100
11 Goiás	4,12	6,19	55,7	92	95
12 Rondônia	4,29	6,17	43,9	96	95
13 Roraima	3,94	6,14	56,0	88	94
14 Acre	4,32	5,97	38,4	97	92
15 Amapá	5,01	5,86	16,9	113	90
16 Amazonas	4,47	5,78	29,3	100	89
17 Tocantins	2,75	5,74	108,5	62	88
18 Sergipe	3,38	5,23	54,6	76	80
19 Rio Grande do Norte	3,55	5,22	47,2	80	80
20 Ceará	2,85	5,02	76,2	64	77
21 Pará	3,68	5,01	36,1	83	77
22 Pernambuco	3,09	4,88	58,2	69	75
23 Bahia	2,67	4,86	82,1	60	75
24 Paraíba	3,12	4,81	54,1	70	74
25 Piauí	2,45	4,51	84,1	55	69
26 Alagoas	2,35	4,41	87,9	53	68
27 Maranhão	2,34	4,40	87,8	53	68

FONTES: IBGE-Pnads de 2001 e 2009 (tabulações especiais). Ver o Anexo VII e o Apêndice Metodológico.

Os primeiros seis estados da Tabela 27, com IIS médio-alto em 2009 (nota acima de 7,00) obtiveram variações percentuais nos IIS (coluna 5) entre 46,1% e 34,4%, ao passo que seis dos estados com notas menores do que 5,00 (nível baixo) apresentam variações entre 54,1% e 87,9%.

Essa tendência, que se expressa em coeficiente de correlação, R, de -0,572 (e coeficiente de determinação, R^2, de 0,327), também reforça a evidência de queda das desigualdades entre os estados, quando medidas pelo ISS.

O IIS COMO FERRAMENTA DE ANÁLISE

Do exposto, anteriormente, pode-se concluir que o IIS é ferramenta útil ao exame do processo de inclusão social vivenciado pelo Brasil, suas regiões e estados.

A partir dele, três tipos de análise podem ser feitos.

A primeira, em nível agregado (tomando-se as notas do IIS), enseja uma visão de síntese desse processo e a comparação do IIS com outros indicadores sociais e econômicos — o IDS, por exemplo, ou o PIB per capita.

O segundo tipo de análise, em nível semiagregado, utiliza os três componentes do IIS, isto é, os Índices de Inserção Econômica, Inserção Educacional e Inclusão Social: investigando sua evolução, as correlações entre eles, as comparações entre regiões, estados, situações de domicílio.

O terceiro tipo de exame, em nível desagregado, toma como base os 12 subcomponentes, construindo um painel amplo e multifacetado no qual os perfis, as características, as especificidades de cada situação social, além de seu evoluir no tempo e suas mutações no espaço, poderão ser detalhadamente captadas e compreendidas.

A integração desses três níveis de análise poderá dar aos formuladores de políticas públicas e aos gestores sociais informações úteis para orientar seja o planejamento, seja a gerência da inclusão social, processo tão complexo quanto importante à compreensão do desenvolvimento como fenômeno global.

Gráfico 30
DESIGUALDADES INTERESTADUAIS MEDIDAS PELO IIS, 2009 (BRASIL = 100)

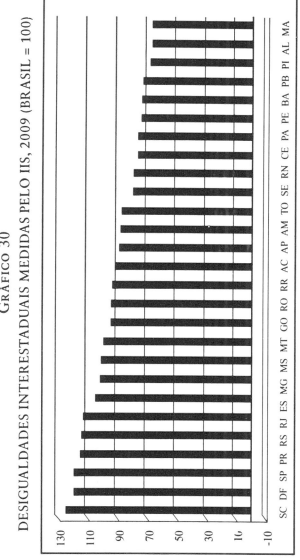

O ÍNDICE DE INCLUSÃO SOCIAL, IIS, E COMPONENTES, 2001 E 2009

Sigla	Discriminação	Índice de Inclusão Social, IIS		Componente emprego e renda		Componente educação e conhecimento		Componente informação e comunicação	
		2001	2009	2001	2009	2001	2009	2001	2009
BR	BRASIL	4,46	6,51	4,32	6,02	4,62	6,29	4,43	7,20
BRR	BRASIL RURAL	2,15	4,10	4,81	6,63	0,68	2,16	0,95	3,52
BRU	BRASIL URBANO	4,60	6,68	4,71	6,34	4,62	6,37	4,47	7,34
BRM	BRASIL METROPOLITANO	5,37	7,37	4,00	5,60	6,28	7,95	5,84	8,57
NO	Norte	3,88	5,45	3,67	5,35	4,35	5,60	3,63	5,40
NOR	Norte Rural	...	3,92	...	6,74	...	2,61	...	2,43
NOU	Norte Urbano	3,87	5,77	3,88	4,97	4,12	6,24	3,61	6,11
NOM	Norte Metropolitano	4,50	6,34	2,93	5,29	5,88	6,95	4,70	6,78
NE	Nordeste	2,81	4,82	2,84	4,45	2,85	4,58	2,73	5,43
NER	Nordeste Rural	1,78	3,27	4,18	5,70	0,44	1,38	0,71	2,74
NEU	Nordeste Urbano	3,17	5,13	2,90	4,42	3,26	5,05	3,34	5,92
NEM	Nordeste Metropolitano	4,18	6,16	2,24	3,97	5,50	7,14	4,80	7,38
SD	Sudeste	5,28	7,38	4,96	6,76	5,50	7,17	5,38	8,22
SDR	Sudeste Rural	2,97	5,15	5,76	8,25	1,23	2,79	1,92	4,41
SDU	Sudeste Urbano	5,34	7,50	5,67	7,48	5,19	6,89	5,14	8,13
SDM	Sudeste Metropolitano	5,61	7,63	4,30	5,96	6,40	8,08	6,13	8,85
SU	Sul	5,48	7,63	6,62	8,07	5,01	6,81	4,82	8,01
SRR	Sul Rural	3,78	5,79	7,16	8,98	1,66	3,16	2,53	5,22
SUU	Sul Urbano	5,75	7,88	6,87	8,18	5,37	7,15	5,02	8,30
SUM	Sul Metropolitano	6,05	8,12	6,00	7,46	6,40	8,09	5,76	8,82
CO	Centro-Oeste	4,37	6,69	3,96	5,84	4,85	6,83	4,29	7,41
COR	Centro-Oeste Rural	2,80	5,03	5,90	7,75	1,41	3,06	1,07	4,29
COU	Centro-Oeste Urbano	4,45	6,73	4,24	6,35	4,77	6,60	4,33	7,25
COM	Centro-Oeste Metropolitano	5,69	7,80	2,98	4,49	7,59	9,56	6,48	9,34

(cont.)

Sigla	Discriminação	Índice de Inclusão Social, IIS		Componente emprego e renda		Componente educação e conhecimento		Componente informação e comunicação	
		2001	2009	2001	2009	2001	2009	2001	2009
RO	Rondônia	4,29	6,17	4,88	6,77	4,17	5,57	3,82	6,17
AC	Acre	4,32	5,97	3,74	5,11	4,84	6,56	4,36	6,25
AM	Amazonas	4,47	5,78	3,83	5,47	5,06	6,23	4,52	5,63
RR	Roraima	3,94	6,14	4,16	5,28	3,83	7,30	3,82	5,85
PA	Pará	3,68	5,01	3,32	5,14	4,18	4,89	3,55	5,00
AP	Amapá	5,01	5,86	5,19	4,28	5,58	7,26	4,28	6,04
TO	Tocantins	2,75	5,74	3,29	5,80	3,28	6,16	1,69	5,26
MA	Maranhão	2,34	4,40	2,93	4,74	2,40	4,12	1,70	4,33
PI	Piauí	2,45	4,51	3,16	5,05	2,42	4,13	1,78	4,36
CE	Ceará	2,85	5,02	2,81	4,85	2,86	4,71	2,89	5,51
RN	Rio Grande do Norte	3,55	5,22	3,90	4,87	3,41	4,82	3,34	5,98
PB	Paraíba	3,12	4,81	3,21	4,16	2,76	4,43	3,39	5,84
PE	Pernambuco	3,09	4,88	2,44	3,82	3,44	4,97	3,38	5,85
AL	Alagoas	2,35	4,41	2,35	4,21	2,14	3,81	2,55	5,20
SE	Sergipe	3,38	5,23	3,41	4,18	3,26	5,20	3,47	6,30
BA	Bahia	2,67	4,86	2,75	4,45	2,76	4,62	2,50	5,50
MG	Minas Gerais	4,46	6,66	5,03	6,89	4,13	5,83	4,22	7,26
ES	Espírito Santo	4,51	6,86	4,80	6,74	4,51	6,20	4,21	7,64
RJ	Rio de Janeiro	5,42	7,40	4,61	6,22	6,07	7,69	5,58	8,30
SP	São Paulo	5,71	7,78	5,20	6,95	5,98	7,68	5,93	8,70
PR	Paraná	5,13	7,49	5,84	7,78	4,95	6,87	4,59	7,83
SC	Santa Catarina	6,05	8,14	8,21	8,96	4,84	7,01	5,11	8,43
RS	Rio Grande do Sul	5,52	7,48	6,53	7,87	5,16	6,64	4,88	7,94
MS	Mato Grosso do Sul	4,50	6,62	4,44	6,60	4,68	6,08	4,39	7,17
MT	Mato Grosso	3,99	6,51	4,69	6,69	4,16	6,20	3,11	6,64
GO	Goiás	4,12	6,42	4,27	6,36	4,14	6,08	3,96	6,81
DF	Distrito Federal	5,69	7,80	2,98	4,49	7,59	9,56	6,48	9,34

FONTES: Anexos VII (B-D). Ver o Anexo Metodológico.

O IIS E SEUS SUBCOMPONENTES, 2001 E 2009, I (COMPONENTES EMPREGO E RENDA)

Sigla	Discriminação	Taxa de ocupação, %[1]		Taxa de formalização do emprego, %[2]		Proporção de não pobres, %[3]		Coeficiente de igualdade[4]	
		2001	2009	2001	2009	2001	2009	2001	2009
BR	BRASIL[5]	90,65	91,67	56,49	62,59	64,92	78,19	4,12	4,63
BRR	BRASIL RURAL[5]	97,88	97,19	31,76	38,45	57,93	77,75	4,60	5,13
BRU	BRASIL URBANO	90,35	91,37	55,19	61,96	68,26	80,56	4,40	4,88
BRM	BRASIL METROPOLITANO	87,30	89,47	65,42	70,32	62,53	74,14	4,20	4,56
NO	Norte	90,44	91,42	41,37	46,55	58,89	74,72	4,38	4,77
NOR	Norte Rural	...	96,61	...	31,36	...	84,17	...	5,21
NOU	Norte Urbano	91,06	89,77	39,38	48,62	60,31	72,29	4,46	4,75
NOM	Norte Metropolitano	85,87	90,37	53,55	52,74	55,86	71,06	4,20	4,89
NE	Nordeste	91,27	91,14	39,62	45,83	49,25	66,44	4,04	4,44
NER	Nordeste Rural	97,74	96,99	19,51	24,45	46,27	67,13	5,09	5,35
NEU	Nordeste Urbano	89,13	89,95	38,69	44,58	51,43	67,20	4,38	4,61
NEM	Nordeste Metropolitano	86,06	86,51	56,95	63,46	47,89	63,59	3,84	4,32
SD	Sudeste	89,15	91,12	63,74	70,15	70,58	82,07	4,42	4,96
SDR	Sudeste Rural	97,10	97,03	39,53	50,55	70,89	88,97	4,65	5,68
SDU	Sudeste Urbano	89,77	91,56	63,43	70,04	76,70	87,60	4,67	5,27
SDM	Sudeste Metropolitano	87,05	89,74	67,47	72,52	63,93	74,87	4,39	4,74
SU	Sul	93,47	94,01	65,47	70,33	82,13	92,31	4,58	5,15
SRR	Sul Rural	98,98	98,17	49,40	57,34	77,48	92,89	4,97	5,73
SUU	Sul Urbano	92,58	93,50	66,07	71,27	84,60	93,67	4,81	5,23
SUM	Sul Metropolitano	90,99	92,46	69,20	72,33	79,67	88,94	4,41	4,94
CO	Centro-Oeste	91,15	92,11	48,67	60,33	62,22	77,84	4,10	4,47
COR	Centro-Oeste Rural	97,88	97,50	37,76	50,47	66,69	84,38	4,96	5,37
COU	Centro-Oeste Urbano	91,23	92,06	47,04	59,00	62,17	78,71	4,42	4,97
COM	Centro-Oeste Metropolitano	85,51	88,69	61,57	70,26	59,21	70,29	3,84	3,83

(cont.)

Sigla	Discriminação	Taxa de ocupação, %[1]		Taxa de formalização do emprego, %[2]		Proporção de não pobres, %[3]		Coeficiente de igualdade[4]	
		2001	2009	2001	2009	2001	2009	2001	2009
RO	Rondônia	91,24	93,17	51,24	58,45	67,60	83,79	4,59	4,92
AC	Acre	92,25	93,90	45,53	52,14	62,32	74,46	3,78	3,93
AM	Amazonas	89,76	89,72	52,08	54,39	57,98	75,42	4,34	4,87
RR	Roraima	91,45	90,55	27,32	41,72	66,71	78,40	4,73	4,80
PA	Pará	90,02	91,49	38,15	42,15	54,80	71,38	4,46	4,90
AP	Amapá	81,99	86,89	55,78	45,06	79,24	70,55	5,37	4,80
TO	Tocantins	93,96	93,66	24,94	36,35	57,99	81,94	4,02	4,76
MA	Maranhão	93,21	92,79	29,91	40,02	46,71	66,21	4,27	4,65
PI	Piauí	94,47	95,63	30,50	34,61	51,02	70,35	4,02	4,42
CE	Ceará	92,92	93,14	37,28	43,88	47,58	66,28	3,90	4,55
RN	Rio Grande do Norte	92,25	90,10	43,20	52,12	59,42	73,75	4,20	4,39
PB	Paraíba	92,23	91,80	41,41	42,09	50,98	67,19	4,07	4,12
PE	Pernambuco	89,94	87,90	44,33	53,01	45,47	60,18	3,91	4,49
AL	Alagoas	88,95	89,96	43,19	51,06	46,83	64,24	3,98	4,35
SE	Sergipe	88,38	88,56	50,33	49,62	55,54	70,13	4,36	4,27
BA	Bahia	90,02	90,72	39,44	45,27	50,27	67,66	4,12	4,45
MG	Minas Gerais	90,61	92,74	55,25	62,30	71,58	84,96	4,47	4,91
ES	Espírito Santo	91,01	92,03	54,09	62,97	72,67	86,66	4,15	4,76
RJ	Rio de Janeiro	87,78	90,80	64,72	68,84	69,26	80,23	4,36	4,63
SP	São Paulo	88,78	90,34	67,74	74,58	70,42	80,89	4,59	5,19
PR	Paraná	92,33	93,71	61,59	67,85	77,33	90,52	4,42	5,10
SC	Santa Catarina	95,83	94,71	72,20	75,90	89,67	96,61	5,05	5,46
RS	Rio Grande do Sul	93,27	93,90	65,18	69,35	82,65	91,68	4,50	5,04
MS	Mato Grosso do Sul	91,24	93,24	53,29	62,66	62,62	79,76	4,37	4,83
MT	Mato Grosso	94,02	93,85	42,11	57,26	65,27	78,73	4,37	5,06
GO	Goiás	91,96	92,21	44,89	56,80	61,73	79,75	4,43	4,98
DF	Distrito Federal	85,51	88,69	61,57	70,26	59,21	70,29	3,84	3,83

NOTAS: 1) Percentual de pessoas ocupadas na PEA.

2) Empregados com carteira assinada como percentual dos empregados remunerados (exclusive servidores públicos e militares).

3) Percentual de pobres (renda familiar per capita). Ver ROCHA.

4) O complemento para 1 do coeficiente de Gini vezes 10 (renda familiar per capita).

5) Exclusive a população rural dos estados de Rondônia, Acre, Amazonas, Roraima, Pará e Amapá.

FONTES: IBGE, Pnads de 2001 e 2009 (tabulações especiais).

Anexo VII-C

O IIS E SEUS SUBCOMPONENTES, 2001 E 2009, II (COMPONENTES EDUCAÇÃO E CONHECIMENTO)

Sigla	Discriminação	Taxa de alfabetização, %[1]		Pessoas com 4 anos ou mais de estudo, %[2]		Pessoas com 9 anos ou mais de estudo, %[3]		Pessoas com 12 anos ou mais de estudo, %[4]	
		2001	2009	2001	2009	2001	2009	2001	2009
BR	BRASIL[5]	87,62	90,30	58,77	68,76	31,81	44,95	10,25	14,85
BRR	BRASIL RURAL[5]	70,32	76,36	26,90	42,32	7,11	17,53	1,16	3,51
BRU	BRASIL URBANO	88,22	90,90	59,52	69,85	32,22	45,87	9,85	14,73
BRM	BRASIL METROPOLITANO	94,13	95,46	71,35	78,65	41,49	55,20	14,69	19,91
NO	Norte	88,77	89,43	62,34	67,43	33,47	42,83	6,70	11,06
NOR	Norte Rural	...	81,28	...	46,17	0,00	20,93	0,00	3,70
NOU	Norte Urbano	87,82	90,62	60,46	71,33	31,89	47,27	6,17	12,97
NOM	Norte Metropolitano	95,79	95,53	75,37	79,78	43,49	53,39	9,83	13,05
NE	Nordeste	75,76	81,31	45,80	59,61	23,63	36,50	5,63	9,30
NER	Nordeste Rural	59,15	67,20	20,03	36,67	5,38	14,02	0,56	2,11
NEU	Nordeste Urbano	78,73	83,61	50,26	63,48	26,25	39,80	6,02	10,19
NEM	Nordeste Metropolitano	89,99	92,35	68,24	77,27	40,08	54,08	11,04	15,33
SD	Sudeste	92,49	94,32	64,47	72,87	36,25	49,98	12,81	17,69
SDR	Sudeste Rural	79,24	83,39	30,65	44,54	9,21	20,95	1,86	4,94
SDU	Sudeste Urbano	92,14	94,12	62,74	71,52	34,10	48,56	11,86	16,50
SDM	Sudeste Metropolitano	94,86	96,05	71,39	78,24	41,55	55,46	15,42	20,71
SU	Sul	92,92	94,54	62,66	72,40	31,56	45,04	11,34	16,92
SRR	Sul Rural	87,88	90,19	39,25	51,74	8,38	20,14	1,70	5,04
SUU	Sul Urbano	93,11	94,62	64,78	74,03	34,45	47,81	12,34	18,05
SUM	Sul Metropolitano	95,73	96,79	73,00	80,39	39,95	52,82	15,47	21,14
CO	Centro-Oeste	89,78	92,01	61,16	72,20	33,13	47,42	10,53	16,77
COR	Centro-Oeste Rural	81,35	84,25	34,84	50,32	9,24	21,59	1,83	5,21
COU	Centro-Oeste Urbano	90,07	92,02	61,97	72,32	33,00	46,86	9,74	15,25
COM	Centro-Oeste Metropolitano	94,47	96,55	76,25	84,66	50,22	64,76	19,87	29,62

(cont.)

Sigla	Discriminação	Taxa de alfabetização, %[1]		Pessoas com 4 anos ou mais de estudo, %[2]		Pessoas com 9 anos ou mais de estudo, %[3]		Pessoas com 12 anos ou mais de estudo, %[4]	
		2001	2009	2001	2009	2001	2009	2001	2009
RO	Rondônia	89,81	90,18	59,32	63,79	28,05	39,99	7,86	12,59
AC	Acre	83,27	84,56	58,22	64,52	35,05	44,79	11,66	18,87
AM	Amazonas	92,26	92,95	69,42	73,30	40,30	48,16	7,05	11,69
RR	Roraima	88,52	93,29	58,07	76,58	31,32	54,73	4,70	16,26
PA	Pará	88,83	87,76	61,36	64,66	32,00	38,87	6,17	8,27
AP	Amapá	92,85	97,18	76,99	77,22	45,24	54,17	7,20	15,26
TO	Tocantins	81,51	86,46	51,50	66,19	25,32	44,58	5,70	15,30
MA	Maranhão	76,60	80,92	42,54	59,42	21,88	34,29	3,55	6,86
PI	Piauí	70,59	76,65	39,56	53,09	21,13	31,91	5,78	10,04
CE	Ceará	75,19	81,44	47,03	62,31	22,59	36,70	5,90	9,51
RN	Rio Grande do Norte	75,82	81,86	51,63	61,33	26,99	37,97	7,11	10,01
PB	Paraíba	72,83	78,38	40,86	56,27	22,07	34,22	7,21	10,33
PE	Pernambuco	78,03	82,38	49,65	62,02	26,26	38,89	7,61	10,53
AL	Alagoas	69,40	75,43	38,25	52,76	18,50	29,69	5,23	8,86
SE	Sergipe	78,57	83,71	50,03	61,49	26,99	40,11	5,88	11,60
BA	Bahia	77,18	83,28	46,46	59,74	24,12	37,99	4,31	8,62
MG	Minas Gerais	88,32	91,47	55,32	65,31	28,81	41,25	8,47	13,37
ES	Espírito Santo	88,55	91,47	59,05	68,82	31,66	44,55	9,30	14,07
RJ	Rio de Janeiro	94,36	96,03	70,85	77,01	39,53	52,24	13,96	19,39
SP	São Paulo	94,02	95,25	66,69	75,22	38,75	53,67	14,63	19,35
PR	Paraná	91,35	93,31	57,77	69,68	32,61	46,01	11,93	17,84
SC	Santa Catarina	94,06	95,09	60,13	70,37	31,72	47,29	10,37	17,94
RS	Rio Grande do Sul	93,75	95,40	68,49	76,15	30,52	42,86	11,30	15,48
MS	Mato Grosso do Sul	89,75	91,30	59,21	68,07	30,99	41,03	10,54	14,72
MT	Mato Grosso	88,81	89,85	56,48	68,82	27,57	44,27	8,80	14,50
GO	Goiás	88,33	91,39	58,03	70,09	29,71	43,94	7,56	13,14
DF	Distrito Federal	94,47	96,55	76,25	84,66	50,22	64,76	19,87	29,62

NOTAS: 1) Percentual de pessoas alfabetizadas na população de 15 anos ou mais.
2) Percentual das pessoas com 4 anos ou mais de estudo na população de 15 anos ou mais.
3) Percentual das pessoas com 9 anos ou mais de estudo na população de 20 anos ou mais.
4) Percentual das pessoas com 12 ou mais anos de estudo na população de 24 anos ou mais.
5) Exclusive a população rural dos estados de Rondônia, Acre, Amazonas, Roraima, Pará e Amapá.

FONTES: IBGE, Pnads 2001 e 2009 (tabulações especiais).

O IIS E SEUS SUBCOMPONENTES, 2001 E 2009, III (COMPONENTES INFORMAÇÃO E COMUNICAÇÃO)

Sigla	Discriminação	% dos domicílios com:							
		Microcomputador		Internet		Televisão		Telefone[1]	
		2001	2009	2001	2009	2001	2009	2001	2009
BR	BRASIL[2]	12,58	34,69	8,54	27,39	89,06	95,67	58,89	84,27
BRR	BRASIL RURAL[2]	1,00	7,14	0,37	3,33	63,22	84,32	12,68	52,53
BRU	BRASIL URBANO	11,13	35,01	7,04	27,13	91,51	96,98	59,89	87,04
BRM	BRASIL METROPOLITANO	19,85	46,11	14,44	38,26	96,05	98,41	76,87	93,39
NO	Norte	6,50	20,28	3,99	13,22	86,13	90,78	51,56	74,73
NOR	Norte Rural	0,00	5,19	...	2,20	...	72,88	...	41,39
NOU	Norte Urbano	5,88	23,65	3,44	15,38	87,08	95,33	50,42	83,05
NOM	Norte Metropolitano	10,26	28,12	6,91	20,35	93,44	97,52	66,18	88,10
NE	Nordeste	5,23	18,50	3,55	14,41	78,39	92,53	35,94	70,58
NER	Nordeste Rural	0,36	2,26	0,05	1,19	51,52	80,96	4,55	39,54
NEU	Nordeste Urbano	5,06	20,60	3,18	15,60	86,83	95,95	40,49	76,73
NEM	Nordeste Metropolitano	11,98	32,24	9,04	26,82	92,55	97,69	65,60	91,72
SD	Sudeste	17,31	43,67	12,02	35,36	94,42	97,90	70,55	90,34
SDR	Sudeste Rural	1,66	11,57	0,92	5,30	76,25	90,72	16,90	62,99
SDU	Sudeste Urbano	15,00	42,72	9,70	33,91	94,27	98,02	69,72	90,94
SDM	Sudeste Metropolitano	22,02	49,11	16,06	41,04	97,29	98,75	79,43	93,46
SU	Sul	13,88	42,62	8,75	32,76	92,29	96,91	64,84	91,60
SRR	Sul Rural	1,95	17,16	0,71	7,48	81,70	93,06	29,35	79,48
SUU	Sul Urbano	14,51	45,18	8,74	35,48	94,00	97,44	68,30	92,81
SUM	Sul Metropolitano	19,71	50,42	13,63	40,14	94,97	97,79	78,76	95,35
CO	Centro-Oeste	10,65	35,70	7,35	28,20	88,52	95,67	59,92	90,41
COR	Centro-Oeste Rural	1,14	8,61	0,08	5,08	64,01	87,98	16,39	70,85
COU	Centro-Oeste Urbano	8,71	33,70	5,72	25,57	91,05	96,05	61,73	91,80
COM	Centro-Oeste Metropolitano	25,50	60,51	19,33	52,95	96,28	99,00	84,64	97,29

(cont.)

Sigla	Discriminação	Microcomputador		Internet		Televisão		Telefone[1]	
		2001	2009	2001	2009	2001	2009	2001	2009
RO	Rondônia	6,64	27,18	3,92	21,19	87,65	90,70	55,80	79,10
AC	Acre	9,42	26,58	6,84	22,45	89,06	90,36	65,04	81,45
AM	Amazonas	9,69	23,99	5,93	13,20	91,72	93,10	66,53	72,84
RR	Roraima	3,47	25,36	2,40	15,81	89,33	94,00	59,99	71,20
PA	Pará	5,92	16,19	3,53	10,32	87,31	89,82	46,44	72,78
AP	Amapá	3,48	21,81	2,71	12,71	95,55	98,05	62,09	81,93
TO	Tocantins	4,01	19,67	2,11	13,80	65,90	86,91	29,82	78,86
MA	Maranhão	2,64	12,43	1,70	9,32	67,02	87,31	30,11	57,71
PI	Piauí	3,48	13,52	2,04	10,60	67,20	85,81	30,99	58,22
CE	Ceará	5,00	16,71	3,38	12,71	81,90	94,21	33,45	76,71
RN	Rio Grande do Norte	5,86	20,80	4,26	15,17	84,88	96,13	42,04	79,90
PB	Paraíba	5,81	19,26	4,00	15,49	87,74	96,33	36,83	74,14
PE	Pernambuco	6,79	19,83	4,62	15,40	84,27	95,45	43,28	76,58
AL	Alagoas	5,28	16,19	2,95	12,26	77,31	94,79	32,01	62,60
SE	Sergipe	5,96	25,20	3,93	17,77	86,54	96,06	44,18	81,43
BA	Bahia	5,36	21,00	3,82	17,09	74,86	90,65	34,27	68,47
MG	Minas Gerais	10,36	35,34	6,32	26,94	89,23	96,28	57,64	85,49
ES	Espírito Santo	11,14	37,04	7,55	30,53	88,13	97,63	56,11	87,08
RJ	Rio de Janeiro	17,20	42,88	12,43	36,14	97,36	98,87	70,26	90,27
SP	São Paulo	21,11	48,54	14,87	39,46	96,14	98,29	77,88	92,96
PR	Paraná	13,66	41,61	8,63	32,49	90,32	95,49	60,43	89,83
SC	Santa Catarina	15,80	47,41	10,12	36,52	94,17	98,12	66,47	90,69
RS	Rio Grande do Sul	13,09	40,98	8,15	30,99	93,09	97,60	67,93	93,76
MS	Mato Grosso do Sul	8,97	32,35	6,20	24,76	90,97	95,86	62,93	92,83
MT	Mato Grosso	7,36	30,49	4,76	23,28	79,51	92,71	43,58	84,22
GO	Goiás	7,07	29,22	4,35	21,62	88,86	95,70	56,92	89,71
DF	Distrito Federal	25,50	60,51	19,33	52,95	96,28	99,00	84,64	97,29

NOTAS: 1) Com pelo menos um telefone fixo ou celular.

2) Exclusive a população rural dos estados de Rondônia, Acre, Amazonas, Roraima, Pará e Amapá.

FONTES: IBGE, Pnads de 2001 e 2009 (tabulações especiais).

SEXTA PARTE

O BRASIL SOCIAL: UMA AGENDA PARA O FUTURO

A MELHOR MANEIRA DE FORMULAR, com alguma objetividade, as bases de uma agenda social para o Brasil nos próximos 15 anos é arriscar um exercício de prospecção que leve em conta dois conjuntos de parâmetros.

O primeiro deles consiste em limitar — apenas por imposição metodológica — a questão social do país, tal como percebida no início deste século, ao trinômio desigualdade-pobreza-desemprego.

Cabe a esse propósito logo reparar que o primeiro desses problemas, o da desigualdade — tanto em sua expressão espacial, ou inter-regional, quanto sobretudo em sua dimensão interpessoal —, sendo de natureza nitidamente estrutural, deita fundas raízes no processo mesmo de formação da sociedade nacional. Por outro lado, o último deles, o desemprego (no sentido, amplo, de desocupação), reflete antes duas longas décadas de anemia econômica, característica que avançou até quase o final do primeiro decênio deste século.

O segundo conjunto de parâmetros consiste em estabelecer um número limitado de objetivos-metas, todos eles vinculando-se estreitamente ao trinômio-síntese do drama social brasileiro contemporâneo ou dele resultantes.

A partir desses objetivos, seria possível não apenas formular uma imagem-objetivo de futuro para o ano 2025, mas também avaliar a plausibilidade das trajetórias entre um presente apenas passado (2010) e um futuro cujos horizontes já possam ser vislumbrados (2025).

CRESCIMENTO E DESIGUALDADE

O primeiro desses objetivos-metas é alcançar, nos próximos 15 anos, crescimento médio anual do PIB da ordem de 7%. Esta foi a média do país nos anos 1940-1980, muito superior, lembre-se logo, à obtida seja nos 110 anos que medeiam entre 1900 e 2010, que foi 4,8%, seja no período 1900-1980, quando o Brasil, então um corredor de olimpíada,[86] cresceu a 5,7% anuais.

Para assegurar esse desempenho, é preciso que o crescimento seja, realmente, objetivo econômico nacional — e não mera variável de ajuste: no sentido de ser aquele crescimento que for possível, depois de atendidas prioridades que a ele se sobrepõem, como a meta de inflação ou o superávit primário das contas públicas.

Cabe, ademais, atentar para os freios a crescimento elevado de mais longo prazo: entre eles, o financiamento dos investimentos em infraestrutura e nas atividades diretamente produtivas; e a contenção da demanda interna (ela foi, na verdade, estimulada nos últimos anos pela expansão da massa salarial e da renda das famílias e pela redução do desemprego e da pobreza como insuficiência de renda, favorecendo a retomada de crescimento econômico robusto ocorrida em 2010).

A Tabela 28 toma 2025 como imagem-objetivo para efeito do exercício de prospecção econômico-social empreendido.

Considerando o ano de 2010 (na verdade, 2009-2010, uma vez que alguns indicadores estão disponíveis apenas para o primeiro desses anos) como ponto de partida, crescer em média a 7% ao ano por década e meia significa multiplicar por 2,8, em termos reais, o PIB do país.

Como a população deverá evoluir, no mesmo período, em média, a 0,5% anuais, o PIB per capita deverá expandir-se a 6,5% ao ano, valor médio que, no século XX, sequer foi superado na década de 1970, quando ele evoluiu a 6,0% ao ano.

---

[86] O epíteto é caro a João Paulo dos Reis Velloso.

Tabela 28
BRASIL: SÍNTESE DE INDICADORES, 2010-2025, E OBJETIVOS PARA 2025

	2010/2009	2025	2010/2009 = 100	Crescimento (%)*
Indicadores				
População (milhões), 2010	190,8	205,6	108	0,5
PIB (PPC$ bilhões de 2009), 2010	2161,5	5963,6	276	7,0
PIB per capita (PPC$ mil de 2009), 2010	11,3	29,0	256	6,5
Índice de Desenvolvimento Social, IDS, 2010	8,14	9,45	116	1,0
Índice de Inclusão Social, IIS, 2009	6,51	8,75	134	1,9
Emprego e renda, 2009	6,02	8,10	135	1,9
Educação e conhecimento, 2009	6,29	8,47	135	1,9
Informação e comunicação, 2009	7,20	9,69	135	1,9
Objetivos-metas do desenvolvimento (2025)				
Mortalidade infantil, por mil nascidos vivos (%), 2009	22,9	10,0	44	-5,0
Pessoas com mais de 12 anos de estudo, %, 2009	14,8	30,8	208	4,7
Taxa de Ocupação, %, 2009	91,7	98,1	107	0,4
Taxa de Formalização do Emprego, %, 2009	62,6	90,7	145	2,3
Proporção de não pobres, %, 2009	78,2	89,9	115	0,9
Taxa de Igualdade, (1-Gini)* 10, 2009	4,63	6,03	130	1,7
Domicílios com microcomputador, 2009	34,7	95,7	276	6,5
Domicílios com Internet, 2009	27,4	86,9	317	7,5
Domicílios com televisão,%, 2009	95,7	99,4	104	0,2
Domicílios com um ou mais telefones, %, 2009	84,3	97,9	116	0,9

*Crescimento médio anual, 2010-2025 ou 2009-2025, conforme o caso.
FONTES: Tabelas e anexos anteriores

Caso alcance essas metas, o Brasil deverá ocupar em 2025 o sexto lugar em população (205,6 milhões), vindo depois da China, Índia, Estados Unidos, Indonésia e Paquistão. Seu PIB seria da ordem de PPC$ 6,0 trilhões (preços de 2009), menor apenas que os da China

(PPC$ 28,8 trilhões), Estados Unidos (PPC$ 21,8 trilhões), Índia (PPC$ 7,9 trilhões) e Japão (PPC$ 6,7 trilhões). E o PIB per capita seria de PPC$ 29 mil, assegurando ao Brasil o primeiro degrau entre os países desenvolvidos. Após o balanço de 110 anos de progresso, empreendido neste livro, não mais parecerá necessário ressaltar os efeitos do crescimento econômico sobre o desenvolvimento social: particularmente na redução da pobreza e dos níveis de desocupação, bem como na melhoria geral das condições de vida — mesmo que se reconheça tenderem os novos padrões de crescimento a ser menos geradores de emprego e, em alguns casos, tendencialmente concentradores de renda.

Nesse sentido, para que o crescimento médio nacional projetado se distribua mais equitativamente, entre as regiões, os estados, as pessoas, serão certamente necessárias políticas de orientação dos investimentos e dispêndios públicos consistentemente voltados a esses propósitos.

As projeções do IDS para 2025, constantes da Tabela 28, consideraram os coeficientes de correlação verificados entre ele o PIB per capita no período 1970-2010. Esses coeficientes não são simples elos mecânicos sinalizadores da interatividade entre as variáveis econômico-sociais. Eles refletem uma miríade de decisões, públicas e privadas, de pessoas e instituições, ao longo de espaços-tempos sociais conhecidos e delimitados. Decisões cujo produto foi um determinado evoluir da sociedade e cujo sentido e direção que os indicadores intentam captar. É, pois, importante compreendê-las, seja para incentivar as que favorecem os objetivos sociais do desenvolvimento, seja para desestimular as que prejudicam ou retardam sua realização.

O mesmo se pode dizer da imagem-objetivo representada pelos Índices de Inclusão Social, IIS, e seus componentes, também projetados na Tabela 28 para 2025. Toda uma história, experiência de um passado recente, está embutida neles.

Por essa razão, mesmo sabendo-se que seus resultados serão certamente alterados (o futuro nunca repete o passado), eles são relevantes, pois transportam ao futuro decisões, comportamentos, vivências já há muito vigentes. Vigências econômico-sociais relevantes, com poderes para explicitar uma tendência, um padrão de desempenho, uma mudança de ritmo, um novo rumo.

OS OBJETIVOS-METAS DO DESENVOLVIMENTO SOCIAL: 2025

A segunda parte da Tabela 28 apresenta dez objetivos-metas de desenvolvimento social para o Brasil no horizonte dos próximos 15 anos.

MORTALIDADE INFANTIL

O primeiro desses objetivos-metas é reduzir pela metade a taxa de mortalidade infantil no país, ou seja o número de óbitos de crianças com menos de 1 ano em determinado período por mil nascidas vivas.

Pretende-se que essa taxa, estimada para o país em 23/1.000 para 2009, se reduza para 10/1.000 em 2025, o máximo tolerável pela Organização Mundial de Saúde, OMS.

Para tanto, ela deverá decrescer a 5% ao ano, reduzindo-se, no período, 56%. (Hoje, somente os estados do Rio Grande do Sul, com 12,3/1.000, São Paulo, com 14/1.000 e Santa Catarina, com 14,6/1.000 aproximam-se dessa meta.)

Isso não ocorrerá sem um esforço concentrado de assistência à maternidade e à infância, na forma de campanha de âmbito e cobertura nacionais, com foco na população desassistida nas cidades e no campo.

Note-se que a taxa de sobrevivência infantil, um dos subcomponentes do IDS que é o complemento da taxa de mortalidade, correlaciona-se alta e positivamente seja com a esperança de vida ao nascer (coeficiente de correlação, R, de 0,964, com R^2 de 0,930), seja com o IDS (R de 0,926, R^2 de 0,857), devendo ser, portanto, variável estratégica em qualquer programa de saúde pública no Brasil. (Na verdade, no IDS, cada componente e subcomponente tece uma rede de inter-relações densa e complexa com os demais indicadores que integram esse índice sintético de desenvolvimento social).

ESCOLARIDADE

O segundo objetivo-meta é a elevação do número de pessoas com mais de 12 anos de estudo. Em 2009, a média brasileira ainda era baixa:

apenas 14,8% da população possuíam essa escolaridade. Não é crível que uma sociedade possa alicerçar seu progresso na era da economia do conhecimento com o perfil educacional revelado por esse indicador — mormente quando se sabe que ele melhora pouco nas regiões relativamente mais desenvolvidas: é de 17,7% no Sudeste e 16,9% no Sul do país. Esses indicadores apontam para esforço o educativo de ir além dos ensinos fundamental e médio — mesmo que seja técnico ou profissionalizante —, adentrando pelo ensino superior e a pós-graduação.

Quantitativamente, postula-se que o percentual das pessoas com 12 anos de estudo mais do que duplique em 15 anos, crescendo a cerca de 5% anuais (no Brasil ele cresceu, na década passada, a 4,8% anuais) e alcançando perto de 1/3 da população.

Ocupação

O terceiro objetivo-meta diz respeito à taxa de ocupação ou de emprego *lato sensu*. Ela se recuperou ao longo da década passada, alcançando 91,7% em 2009 (ou desocupação de 8,3%), devendo ter sido maior em 2010 (chegando a algo como 93% ou desocupação de 7%).

Com a economia crescendo, em média, a 7% anuais, esse problema deverá ser rapidamente superado, reduzindo-se a desocupação para em torno de 2% da PEA, cifras essas indicativas de desemprego apenas friccional. É de ressaltar que, com a queda da expansão demográfica, vem diminuindo, em termos absolutos, o número dos que adentram o mercado de trabalho.

Cabe, contudo, mencionar que o evoluir da economia tem-se revelado muito volátil no Brasil, suas regiões e estados, contaminando com igual labilidade o mercado de trabalho. Nesse contexto, a meta de 98% estabelecida para a taxa de ocupação sinaliza apenas um norte para os anos por vir. Ela poderá, por exemplo, ser alcançada daqui a dois ou três anos, despencando nos anos seguintes, ao sabor dos ciclos econômicos de curto e médio prazos.

Emprego formal

O quarto objetivo refere-se à taxa de formalização do emprego, ou seja, a regularização e maior cobertura, mediante a assinatura da carteira de trabalho, dos benefícios sociais e previdenciários.

Em 2009, 62,6% dos empregados desfrutavam desses direitos. Essa cifra alcançava 72% no Sul e Sudeste, mas apenas 46% no Nordeste e 47% no Norte.

Postula-se sua elevação para mais de 90% no Brasil, acentuando-se a redução, já em curso, das disparidades inter-regionais e interestaduais.

Esse desiderato implica em expansão da taxa de formalização de 45% em 15 anos, ou de 2,3% anuais. Como esse crescimento foi de 1,3% anuais na década passada, ênfase maior deve ser dada às políticas públicas voltadas para a proteção social e o bem-estar dos trabalhadores nos próximos anos.

Pobreza

O quinto objetivo-meta consiste na ampliação do percentual de pessoas não pobres, consideradas pobres aquelas pessoas cuja renda familiar per capita é insuficiente para o atendimento de suas necessidades básicas.

Em 2009, a proporção de não pobres no Brasil, que vem sempre crescendo nos últimos anos, chegou a 78% (sendo a proporção de pobres, portanto, de 22%). A proporção de não pobres foi menor que a brasileira no Nordeste (66%) e Norte (75%), maior no Sul (92%), Sudeste (82%) e igual no Centro-Oeste (78%).

O objetivo a alcançar é elevar para cerca de 90% a proporção de não pobres em 2025, que cresceria em média a quase 1% anualmente (esse percentual cresceu a 2,4% ao ano na década passada). Uma redução dos desníveis inter-regionais e interestaduais seria buscada concomitantemente.

Essa meta seria alcançada seja mediante a absorção, pelo mercado de trabalho, de parcela das pessoas pobres em idade ativa, seja pela suplementação de renda das famílias pobres aliada a um decidido esforço de qualificação que as resgate para o trabalho produtivo e gerador de renda suficiente.

Tal objetivo seria complementado por um programa de eliminação, ao longo dos próximos 15 anos, da pobreza extrema, compreendida como a parcela dos pobres com renda insuficiente ao atendimento de suas necessidades básicas de alimentação.[87] Esse programa daria ênfase à ruptura do círculo vicioso de reprodução intergeracional da pobreza extrema através de uma atuação transformadora das condições de vida (saúde, educação, emprego, renda, informação, proteção social) de todas as famílias nessa condição.

IGUALDADE

O sexto objetivo-meta visa à elevação importante na taxa de igualdade, medida de equidade social que é o complemento do coeficiente de Gini (ou seja, é igual a 1 menos o Gini vezes 10).

Em 2009, o coeficiente de Gini, que vem declinando sistematicamente desde 1997, foi, para o Brasil, de 0,537, significando dizer que a taxa de igualdade se elevou para 4,63, tendo crescido, na década passada, a 1,5% por ano.

Propõe-se o fortalecimento dessa tendência nos próximos 15 anos de que resulte crescimento desse indicador de 1,7% ao ano, de modo a obter-se, em 2025, taxa de igualdade de 6,03 (ou seja, coeficiente de Gini de 0,397). É importante que se reduzam os diferenciais entre as taxas de igualdade verificados ao longo deste livro entre as regiões e estados e entre os meios rurais, urbanos e metropolitanos.[88]

Por detrás desse objetivo e da singeleza desses números esconde-se uma verdadeira revolução social, capaz de infundir grande dinamismo à economia e forte viés de redução nas tensões e conflitos, atuais e potenciais, que sobrecarregam a sociedade brasileira.

Essa transformação, de natureza estrutural, logrará tanto mais êxito quanto mais beneficiar a todos os seguimentos da sociedade com crescimentos reais, embora diferenciados, de renda. Eles poderão ser

---

[87] A pobreza extrema, também chamada indigência, correspondia, em 2009, a 5,2% da população do país (9,6 milhões de pessoas), concentrando-se no Nordeste, com proporção de extremamente pobres de 9,6%, equivalentes a 5,1 milhões de pessoas. Cf. ROCHA (2001-2009).

[88] Em 2009, a maior taxa de igualdade, a de Santa Catarina, chegou a 5,46.

facilmente viabilizados pelos altos níveis de crescimento econômico que se vislumbram.

INCLUSÃO DIGITAL

Os dois objetivos seguintes, o sétimo e o oitavo, dizem respeito à disseminação dos instrumentos da inclusão digital como ferramentas importantes de inclusão social.

O primeiro deles propõe que a porcentagem dos domicílios com microcomputadores avance dos 35% verificados em 2009 para 96% em 2025, mediante um crescimento médio anual da ordem de 6,5% ao ano, quase o mesmo contemplado para o PIB per capita (note-se que o crescimento da disponibilidade domiciliar de microcomputadores na década passada no país foi de 13% anuais).

O segundo objetivo-meta visa elevar a disponibilidade domiciliar de acesso, desta vez qualificado, à Internet de 27% em 2009 para 87% em 2025, por meio de um crescimento médio anual de 7,5% (note-se que esse crescimento na década passada foi de 16% ao ano).

A disponibilidade domiciliar dos dois veículos por excelência da inclusão digital deverá, obviamente, ser concomitante ao domínio pelas pessoas, por meio da educação, dos códigos e linguagens a tanto necessários para que essas ferramentas possam disseminar na sociedade suas virtudes inovadoras.

INFORMAÇÃO E COMUNICAÇÃO

Os dois últimos objetivos-metas visam qualificar melhor dois instrumentos vitais de informação e comunicação.

A televisão, o primeiro deles, já assegurou sua presença na grande maioria dos lares brasileiros. Em 2009, por exemplo, 96% deles já possuíam TV e eram pequenos os desníveis regionais e estaduais quando aferidos por esse indicador.

Nesse caso, cabe postular para 2025, de um lado, sua virtual universalização, conforme consta da Tabela 28. De outro lado, observar que a televisão em cores já se firmou na grande maioria dos domicílios urbanos, atingindo percentuais da ordem de 97%. E já se esboça uma evolução em direção a mais qualidade com as telas planas e altas definições de som e imagem como tendência que não precisa ser reforçada. O telefone, o segundo instrumento, seja fixo, seja celular ou móvel, já estava presente em 84% dos domicílios em 2009. A meta de alcançar sua virtual universalização em 2025, abarcando 98% dos domicílios, conforme consta da Tabela 28, quase certamente deverá ser antecipada.

UMA SOCIEDADE AMEAÇADA?

As últimas décadas do século passado e o primeiro decênio deste século viram crescer e nutrir-se no país uma outra mazela social grave.

A violência emergiu no bojo da questão social brasileira configurando-se como sério desafio à ordem e segurança.

Ela se manifestou no meio urbano, sobretudo nas regiões metropolitanas e maiores cidades: sob a forma do crime organizado, associado ao tráfico de drogas e armas. Exercendo domínio absoluto sobre vastos territórios e fortemente armado, esses poderes espúrios submeteram milhares de pessoas desassistidas pelos poderes públicos e desarmadas por força de lei a toda sorte de constrangimentos que não raro culminam em sequestros e assassinatos. Esgarça-se a olhos vistos o tecido social das cidades, impera o medo, dissolvem-se os valores da convivência.

Sob o olhar tolerante do estado, grassaram no meio rural as invasões de propriedades. Aumentou a passos largos a criminalidade no campo, sobretudo nos sertões do Nordeste, forjando conflitos que pareciam coisas do passado e instalando no campo a insegurança no produzir e no viver.

Esses tempos certamente inscreveram, com fortes tintas, um quarto, igualmente grave, problema na sobrecarregada agenda que diz respeito à questão social brasileira, assim transformando o complexo trinômio desigualdade-pobreza-desemprego num quadrinômio que inclui a violência.

O Brasil somente se habilitará a ser um país desenvolvido quando equacionar e resolver o problema da violência. Há sinais de que está decidido a enfrentar essa ingente tarefa.

APÊNDICE METODOLÓGICO

INTRODUÇÃO

Com vistas a este estudo, foi produzida uma base de dados atualizados que fundamentou a elaboração dos indicadores econômico-sociais utilizados neste livro.

Essa base de dados ensejou a estimação dos seguintes índices sintéticos de desenvolvimento:

1) um Índice de Desenvolvimento Humano, chamado IDH-1, construído para o Brasil e cobrindo o período 1900-2009, com projeção para 2010;
2) um outro Índice de Desenvolvimento Humano, IDH-2, calculado para o Brasil, grandes regiões e estados e relativo ao período 1940-2010, também com projeção para 2010;
3) um Índice de Desenvolvimento Social, IDS, estimado para o Brasil, grandes regiões e estados, calculado para os anos censitários de 1970, 1980, 1991 e 2000 (com base nos Censos Demográficos) e os anos de 2005-2009 (com base nas Pesquisas Nacionais por Amostra de Domicílios, Pnads), igualmente projetado para 2010;
4) um Índice do Capital Humano, ICH, derivado do IDS e com a mesma abrangência do IDS;
5) um Índice de Inclusão Social, IIS, estimado para o Brasil, suas regiões e estados, bem como para as situações de domicílio rural, urbana e metropolitana, elaborado para os anos de 2001, 2008 e 2009, além de projetado para 2010.

OS ÍNDICES SINTÉTICOS: BASES DO CÁLCULO

De um modo geral, o cálculo desses índices sintéticos, que agregam, em uma só unidade relativa de medida, mais de um indicador econômico-social, segue o mesmo *rationale* e desdobra-se nas mesmas etapas. Na primeira estima-se, para cada indicador, I_i (também chamado subcomponente), com relação a cada situação social (país, região, estado, situação de domicílio), j, uma medida do grau de atendimento de uma necessidade ou objetivo, I_{ij}, definida como:

$$I_{ij} = 1 - \frac{\max_j I_{ij} - I_{ij}}{\max_j I_{ij} - \min_j I_{ij}}.$$

Na segunda etapa, constrói-se para cada componente, C_i, com relação a cada situação social, j, uma medida de atendimento, C_{ij}, que resulta da média simples ou ponderada das medidas do grau de atendimento relativas a cada indicador ou subcomponente:

$$C_{ij} = \frac{1}{n} \sum_{j=1}^{n} I_{ij}.$$

Na terceira etapa, obtém-se o índice sintético desejado, IN, geralmente uma média simples de seus componentes. Ele é expresso por uma nota, variando, hipoteticamente, entre 0 e 10 e que é comumente apresentada com duas casas decimais. Quanto mais se aproxima de 10, melhor o grau de atendimento relativo do indicador (ou subcomponente), dos componentes e dos índices sintéticos, IN, os quais são medidas agregadas do grau de atendimento de seus diversos componentes:[89]

$$IN_{ij} = \frac{1}{n} \sum_{j=1}^{n} C_{ij}.$$

---

[89] Os índices sintéticos de desenvolvimento estão, portanto, sempre normalizados, variando de 0 a 10. Eles expressam um valor relativo, no sentido espacial e temporal, e só têm sentido no âmbito da escala de referência que foi utilizada em sua construção.

OS ÍNDICES DE DESENVOLVIMENTO HUMANO: IDH-1 E IDH-2

O IDH-1 e o IDH-2 são os mais simples dos índices da série dos IDHs e foi produzido inicialmente pelo Pnud (Programa das Nações Unidos para o Desenvolvimento) em 1990.[90] Ele é integrado por apenas três indicadores, que equivalem a componentes:

1) a esperança de vida ao nascer, em anos (o componente saúde);
2) a taxa de alfabetização, ou seja, a porcentagem das pessoas, de 15 anos e mais, alfabetizadas (o componente educação);
3) o PIB per capita, expresso em dólares internacionais (PPC$ a preços constantes, de 2009), que equivale ao componente rendimento.

Esse último indicador é expresso em logaritmos decimais, de modo a ensejar uma comparabilidade com os IDHs produzidos pelo Pnud mais recentemente.[91]

Com vistas a assegurar comparabilidade a 173 países com IDHs estimados pelo Pnud para 2000, foram utilizados, como máximos e mínimos, não os encontrados no conjunto de dados obtidos para cada indicador, mas os valores adotados pelo Pnud para 2000. Eles são os seguintes: esperança de vida: 25 e 85 anos; taxa de alfabetização: 0 e 100; renda per capita: logaritmos de 100 e de 40.000 (valores esses expressos em PPC$ de 2009).

O IDH-2 difere do IDH-1 apenas porque a base de dados sobre a qual é feito o seu cálculo está ampliada de modo a incluir as regiões e estados brasileiros (o que afeta o valor do Índice, que é um número relativo).

---

[90]Cf. UNPD 1900. Estudo deste autor, elaborado em parceria com Renato Villela e apresentado no Fórum Nacional de 1990, estimou os IDHs para as regiões o os estados brasileiros e construiu um Índice do Nível de Vida, INV, e um Índice de Desenvolvimento Relativo, IDR, para o Brasil, regiões e estados (para as décadas de 1970 e 1980). Cf. ALBUQUERQUE & VILLELA.
[91]Ver UNDP (1992-2010).

O ÍNDICE DE DESENVOLVIMENTO SOCIAL, IDS

O IDS, calculado para o Brasil, as grandes regiões e as 27 unidades da Federação, é bastante complexo e abrangente, sendo integrado pelos seguintes componentes e subcomponentes:

1) o componente saúde (também chamado Índice de Saúde, IS), representado por dois subcomponentes: a expectativa de vida ao nascer, em anos (peso 0,6); e a taxa de sobrevivência infantil (100 menos a taxa de mortalidade infantil — entre 0 e 1 ano — por 100 nascidos vivos), com peso 0,4;

2) o componente educação (ou Índice de Educação, IE), representado por dois subcomponentes: a taxa de alfabetização da população de 15 anos e mais (com peso 0,2) e a média de anos de estudo dessa mesma população (peso 0,8);

3) o componente trabalho (ou Índice de Trabalho, IT), representado por dois subcomponentes: a taxa de atividade (população economicamente ativa, PEA/população de 10 anos e mais), com peso 0,4; e a população ocupada (população ocupada/PEA), com peso 0,6;

4) o componente rendimento (ou Índice de Rendimento, IR), representado pelo PIB per capita, expresso em logaritmo (peso 0,8) e pelo coeficiente de igualdade, correspondente a 1 menos o coeficiente de Gini (peso 0,2);[92]

5) o componente habitação (ou Índice de Habitação, IH), representado por quatro subcomponentes: os percentuais de domicílios com: (1) abastecimento de água com canalização interna; (2) energia elétrica; (3) disponibilidade de geladeira; e (4) disponibilidade de televisão, todos eles com pesos iguais.

---

[92]Os dados relativos aos PIBs per capita foram reestimados de modo a incorporar as últimas versões do PIB divulgadas pelo IBGE, bem como os resultados preliminares do Censo Demográfico de 2010. Seus valores são expressos em PPC$ de 2009 ("dólares internacionais"). Cf. THE WORLD BANK (2004). Eles estão convertidos em logaritmos de modo a incorporar a hipótese da utilidade marginal decrescente do rendimento. O coeficiente de igualdade, CI, foi calculado a partir dos dados do rendimento domiciliar per capita obtidos diretamente dos censos demográficos ou estimados com base nas Pnads.

No cálculo do IDS, os cinco componentes têm pesos iguais. Os valores máximos e mínimos são os efetivamente observados, para cada indicador ou subcomponente, na base de dados especialmente construída para a estimação do IDS.

O cálculo do IDS envolveu a construção de base de dados para os anos 1970, 1980, 1991, 2000, 2005, 2006, 2007, 2008 e 2009. As informações necessárias foram obtidas principalmente nos Censos Demográficos de 1970, 1980, 1991 e 2000, nas Pesquisas Nacionais por Amostra de Domicílios, Pnads, de 2005-2009, além do Sistema de Contas Nacionais (atualizado em 2009), todos eles produzidos e divulgados pelo IBGE.

Esse conjunto de informações ensejou a construção, para os nove anos, de um Índice de Desenvolvimento Social, IDS, semelhante ao elaborado para o Fórum Nacional em 2004.[93]

O ÍNDICE DE CAPITAL HUMANO, ICH

O Índice do Capital Humano, ICH, foi construído a partir da base de dados utilizada para o cálculo do IDS.

Ele difere dos demais índices sintéticos de desenvolvimento por representar uma variável-estoque, o capital humano (semelhante ao capital em sentido material, que também é um estoque de bens de produção: máquinas e equipamentos, infraestrutura).

Seu cálculo é bastante simples. Ele é o produto de dois componentes:

1) a população de 15 anos e mais, uma variável demográfica, significando um "estoque" de pessoas, em dado momento do tempo, residente em determinado espaço (o país, uma região, um estado);
2) um índice representativo do grau de conhecimento ou de qualificação média dessa população, representado pelo componente educação do IDS, ou Índice de Educação (que varia, necessariamente, de 0 a 10, conforme visto).

---

[93]Cf. Albuquerque (2004).

Em virtude da variável demográfica escolhida, o ICH representa o capital humano potencial, utilizável economicamente, e não de capital humano efetivamente utilizado no processo produtivo (que seria representado pela população ocupada).

O ICH é expresso por um número relativo de tamanho, com o capital humano do Brasil em determinado ano (o ano de referência) sendo igualado a 100.

Ele foi calculado para os mesmo anos do IDS.

O ÍNDICE DE INCLUSÃO SOCIAL, IIS

O Índice de Inclusão Social, IIS, é um indicador sintético desenvolvido com o objetivo de medir, para o Brasil, suas regiões, situações de domicílio (rural, urbano e metropolitano) e estados, o grau de inclusão social médio alcançado por suas populações em determinado ano.

O IIS, calculado para o Brasil, suas cinco grandes regiões, as três situações de domicílio (rural, urbana e metropolitana) e as 27 unidades da Federação, é bastante abrangente, sendo integrado por três componentes e 12 subcomponentes. São eles:

1) o componente Emprego e Renda (também chamado Índice de Inserção Econômica), representado por quatro subcomponentes: (1) a taxa de ocupação, ou seja, a percentagem da PEA ocupada (peso 0,3); (2) o grau de formalização do emprego, ou seja, a percentagem dos empregados remunerados com carteira assinada (peso 0,2); (3) a proporção de não pobres (peso 0,3); e (4) o coeficiente de igualdade, ou seja, o complemento para 1 do coeficiente de Gini multiplicado por 10 (peso 0,2);

2) o componente Educação e Conhecimento (ou Índice de Inserção Educacional), representado por quatro subcomponentes: (1) a taxa de alfabetização da população de 15 anos ou mais (peso 0,1); (2) a percentagem das pessoas com 15 anos ou mais e com 4 anos ou mais de estudo (peso 0,2); (3) a percentagem das pessoas

194

com 20 anos ou mais e 9 anos ou mais de estudo (peso 0,3); e
(4) a percentagem das pessoas de 24 anos ou mais e 12 anos ou
mais de estudo (peso 0,4);

3) o componente Informação e Comunicação (ou Índice de Inclusão Digital), representado por quatro subcomponentes: (1) o percentual dos domicílios com microcomputador (peso 0,3); (2) o percentual dos domicílios com acesso à Internet (peso 0,3); (3) o percentual dos domicílios com televisão (peso 0,2); e (4) o percentual dos domicílios com pelo menos um telefone, fixo ou celular (peso 0,2).

No cálculo do IIS, os três componentes têm pesos iguais. Na normalização dos valores observados para cada indicador ou subcomponente, os valores mínimos são minimamente ajustados para cima de modo a evitar que permaneçam igualados a zero.

A base de dados construída para a estimação do IIS valeu-se de tabulações especiais elaboradas a partir dos microdados das Pesquisas Nacionais por Amostra de Domicílios, Pnads, relativas aos anos de 2001, 2008 e 2009.

A Pnad relativa a 2001 ainda não investigou as populações rurais dos estados de Rondônia, Amazonas, Roraima, Pará e Amapá.[94]

Consideraram-se como Norte metropolitano a região metropolitana de Belém; como Nordeste metropolitano as regiões metropolitanas de Fortaleza, Recife e Salvador, Sudeste metropolitano as regiões metropolitanas de Belo Horizonte, Rio de Janeiro e São Paulo; Sul metropolitano as regiões metropolitanas de Curitiba e Porto Alegre; e Centro-Oeste metropolitano o Distrito Federal.

Na Bibliografia a seguir estão incluídas outras fontes utilizadas na formação do banco de dados que possibilitou o cálculo dos índices sintéticos de desenvolvimento que são apresentados neste livro.

---

[94]Portanto, os dados de 2001 relativos ao Norte e a esses estados não são rigorosamente comparáveis aos de 2008-2009.

LISTA DAS TABELAS

Tabela 1 — Brasil: crescimento médio anual (%) do PIB, população e PIB per capita, 1900-2010

Tabela 2 — Brasil: crescimento médio anual (%) da esperança de vida, taxa de alfabetização e do IDH-1 por períodos (1900-2010)

Tabela 3 — Brasil: a escala do desenvolvimento humano: comparações internacionais

Tabela 4 — Brasil: população, PIB, PIB per capita, IDH-1 e componentes, 1900-2010

Tabela 5 — Brasil, regiões e estados: crescimento médio anual (%) do PIB, população e PIB per capita, 1940-2010

Tabela 6 — Brasil: participação dos estados no PIB, 1940 e 2010

Tabela 7 — Brasil, regiões e estados: IDH-2, 1940-2010

Tabela 8 — Brasil, regiões e estados: eficiência relativa do PIB per capita sobre o desenvolvimento social, medido pelo IDH-2, 2010

Tabela 9 — O Índice de Desenvolvimento Social, IDS, 2010: Brasil, regiões e estados

Tabela 10 — Tendências do IDS, 1970-2010: Brasil, regiões e estados

Tabela 11 — O componente saúde (IS) do IDS e subcomponentes: Brasil, regiões e estados

Tabela 12 — O componente educação (e subcomponentes) do IDS: Brasil, regiões e estados

Tabela 13 — O componente trabalho (e subcomponentes) do IDS: Brasil, regiões e estados

Tabela 14 — O componente rendimento (e subcomponentes) do IDS: Brasil, regiões e estados

Tabela 15 — O componente habitação (e subcomponentes) do IDS: Brasil, regiões e estados

Tabela 16 — IDS, componentes e subcomponentes: matriz de correlações, estados (1970-2010)

Tabela 17 — O Índice do Capital Humano, ICH (derivado do IDS): Brasil, regiões e estados

Tabela 18 — Tendências do ICH, 1970-2010: Brasil, regiões e estados

Tabela 19 — Brasil e regiões: evolução comparada do ICH e do PIB, 1970-2010

Tabela 20 — Brasil e regiões: relações entre o ICH e o PIB, 1970-2010

Tabela 21 — O Índice de Inclusão Social, IIS, 2009-2010: Brasil, regiões, estados e domicílios

Tabela 22 — Brasil: Índice de Inclusão Social, IIS, e componentes, 2001 e 2009

Tabela 23 — Brasil: desigualdades regionais medidas pelo IIS e componentes, 2001 e 2009

Tabela 24 — Brasil: desigualdades regionais medidas pelos subcomponentes do IIS, 2001 e 2009

Tabela 25 — Brasil e regiões: IIS, segundo as situações do domicílio, 2001 e 2009

Tabela 26 — Brasil e regiões: hiatos de inclusão social, 2001-2009

Tabela 27 — Desigualdades interestaduais medidas pelo IIS, 2001 e 2009

Tabela 28 — Brasil: síntese de indicadores, 2010-2025, e objetivos para 2025

LISTA DOS GRÁFICOS

Gráfico 1 — Brasil: PIB, população e PIB per capita, 1900-2010

Gráfico 2 — Brasil: crescimento médio anual (%) do PIB, população e PIB per capita, 1901-2010

Gráfico 3 — Brasil: crescimento médio (%) do PIB, população e PIB per capita, 1903-2010 (médias trienais)

Gráfico 4 — Brasil: crescimento do PIB, população e PIB per capita por décadas, 1900-2010

Gráfico 5 — Brasil: evolução do IDH-1 e componentes, 1900-2010

Gráfico 6 — Regiões do Brasil: crescimento do PIB, 1940-2010

Gráfico 7 — Regiões do Brasil: crescimento anual (%) do PIB per capita por período, 1940-2010

Gráfico 8 — Brasil: participação (%) dos estados no PIB

Gráfico 9 — Esperança de vida: coeficientes de variação (%), 1940-2010

Gráfico 10 — Taxa de alfabetização: coeficientes de variação, 1940-2010

Gráfico 11 — PIB per capita: coeficientes de variação, 1940-2010

Gráfico 12 — Brasil, regiões e estados: a escala do desenvolvimento humano, IDH-2

Gráfico 13 — Brasil, regiões e estados: ordem do IDH-2 menos ordem do PIB per capita, 2010

Gráfico 14 — Brasil: a escala do desenvolvimento segundo o IDS, 2010

Gráfico 15 — Brasil e regiões: evolução do IDS (1970-2010)

Gráfico 16 — Brasil e regiões: evolução da taxa de desocupação, 1970-2010

Gráfico 17 — Brasil e regiões: taxa de igualdade, 1970-2010

Gráfico 18 — Brasil, regiões e estados: "déficit" (-) e "superávit" (+) habitacionais, 2010

Gráfico 19 — Regiões e estados: dimensões relativas (%) do ICH e do PIB, 2010

Gráfico 20 — Brasil e regiões: evolução do capital humano (1970 = 100)

Gráfico 21 — Brasil: ICH e PIB, 1970-2010

Gráfico 22 — Brasil e regiões: crescimento anual do PIB menos crescimento anual do ICH, 1970-2010

Gráfico 23 — A escala da Inclusão Social no Brasil, 2009

Gráfico 24 — Brasil: IIS e componentes, 2001 e 2009

Gráfico 25 — Brasil e regiões: IIS e componentes, 2009 (Brasil = 100)

Gráfico 26 — Brasil e regiões: subcomponentes do IIS, 2009 (I)

Gráfico 27 — Brasil e regiões: subcomponentes do IIS, 2009 (II)

Gráfico 28 — Brasil e regiões: subcomponentes do IIS, 2009 (III)

Gráfico 29 — Brasil e regiões: hiatos de inclusão social, 2001 e 2009

Gráfico 30 — Desigualdades interestaduais medidas pelo IIS, 2009 (Brasil = 100)

LISTA DOS ANEXOS

Anexo I — Brasil: PIB, população e PIB per capita, 1900-2010

Anexo II — Brasil: esperança de vida, alfabetização e IDH-1, 1900-2010

Anexo III-A — Brasil, regiões e estados: Produto Interno Bruto, PIB, 1940-2010 (PPC$ milhões de 2009)

Anexo III-B — Brasil, regiões e estados: população, 1940-2010 (anos censitários) (mil)

Anexo III-C — Brasil, regiões e estados: PIB per capita, 1900-2010 (PPC$ de 2009)

Anexo IV-A — Brasil, regiões e estados: Índice de Desenvolvimento Humano, IDH-2, 1940-2010 (anos censitários)

Anexo IV-B — Brasil, regiões e estados: componentes do IDH-2, 1940-2010 (anos censitários)

Anexo V-A — Brasil, regiões e estados: Índice de Desenvolvimento Social, IDS (anos selecionados)

Anexo V-B — Brasil, regiões, estados: IDS — componente saúde (anos selecionados)

Anexo V-C — Brasil, regiões, estados: IDS — componente educação (anos selecionados)

Anexo V-D — Brasil, regiões, estados: IDS — componente trabalho (anos selecionados)

Anexo V-E — Brasil, regiões, estados: IDS — componente rendimento (anos selecionados)

Anexo V-F — Brasil, regiões, estados: IDS — componente habitação (anos selecionados)

Anexo VI-A — Brasil, regiões e estados: estimativa da população de 15 anos ou mais, 1970-2010

Anexo VI-B — Brasil, regiões, estados: IDS — componente educação, 1970-2010

Anexo VII-A — O Índice de Inclusão Social, IIS, e componentes, 2001 e 2009

Anexo VII-B — O IIS e seus subcomponentes, 2001 e 2009, I (componentes emprego e renda)

Anexo VII-C — O IIS e seus subcomponentes, 2001 e 2009, II (componentes educação e conhecimento)

Anexo VII-D — O IIS e seus subcomponentes, 2001 e 2009, III (componentes informação e comunicação)

REFERÊNCIAS BIBLIOGRÁFICAS

A BÍBLIA DE JERUSALÉM. São Paulo, Paulus, 1985.

ADLER, Mortimer J & GORMAN, William, eds. (1952). *The great ideas: a syntopicon of great books of the western world*. Chicago, Britannica, 2v.

ALBUQUERQUE, Roberto Cavalcanti de (1989). O estado e a república: 1989-1989. Em *Revista da Escola Superior de Guerra*, ano 5, n. 13,1989, p. 19-36.

—— (1991). A situação social: o que diz o passado e o que promete o futuro. Em *Perspectivas da economia brasileira — 1992*, Instituto de Pesquisa Econômica Aplicada, Ipea, Brasília, p. 387-410.

—— (2005). A questão social: balanço de cinco décadas e agenda para o futuro. Em VELLOSO, João Paulo dos Reis & ALBUQUERQUE, Roberto Cavalcanti de, coords., *Cinco décadas de questão social e os grandes desafios do desenvolvimento sustentado*. Rio de Janeiro, José Olympio, p. 63-177 [Fórum Nacional].

—— (2008a). O IDS, 1970-2007: ferramenta de análise da evolução social do Brasil, suas regiões e estados. Em VELLOSO, João Paulo dos Reis, coord., *O Brasil e a economia criativa — um novo mundo nos trópicos*. Rio de Janeiro, José Olympio, p. 543-99 [Fórum Nacional].

—— (2008b). Um balanço social do Brasil, 1970-2005. Em VELLOSO, João Paulo dos Reis & ALBUQUERQUE, Roberto Cavalcanti de, coords., *A verdadeira revolução brasileira: integração de desenvolvimento e democracia*. Rio de Janeiro, José Olympio, p. 35-84 [Fórum Nacional].

—— (2009). Proteção social e geração de oportunidades. Em CARDOSO JR., José Celso, org., *Desafios ao desenvolvimento brasileiro: contribuições do Conselho de Orientação do Ipea*. Brasília, Ipea, p. 153-88.

—— (2010). Uma avaliação do atual processo de inclusão social no Brasil. Em VELLOSO, João Paulo dos Reis, coord., *Construindo sociedade ativa e moderna: consolidando o cresci-*

mento com inclusão social. Rio de Janeiro, José Olympio, p. 285-317 [Fórum Nacional].

—— (2011). Retratos do Brasil Em VELLOSO, João Paulo dos Reis, coord., *Oportunidades econômicas e sociais para tornar o Brasil desenvolvido.* Rio de Janeiro, p. 83-93 [Fórum Nacional].

—— coord. (1993). *O Brasil social: realidades, desafios, opções.* Rio de Janeiro, Ipea [Série Ipea, 139].

—— & PESSOA, Antonio (2009). O IDS: análise da evolução social do Brasil (atualização para 2008). Em VELLOSO, João Paulo dos Reis, coord., *Teatro mágico da cultura, crise global e oportunidades para o Brasil.* Rio de Janeiro, José Olympio, p. 593-642 (Fórum Nacional).

—— & ROCHA, Sonia (2000). Sobre estratégias de redução da pobreza. VELLOSO, João Paulo dos Reis & ALBUQUERQUE, Roberto Cavalcanti de, coords., *Pobreza, cidadania e segurança.* Rio de Janeiro, José Olympio, p. 85-108 [Fórum Nacional].

—— & ROCHA, Sonia (2006). A revolução social: vez e voz aos pobres. Em VELLOSO, João Paulo dos Reis, coord., *Por que o Brasil não é um país de alto crescimento?* Rio de Janeiro, José Olympio, p. 153-91 [Fórum Nacional].

—— & VILLELA, Renato (1991). A situação social no Brasil: um balanço de duas décadas. Em VELLOSO, João Paulo dos Reis, org., *A questão social no Brasil.* São Paulo, Nobel, p. 23-104 [Fórum Nacional].

ALMEIDA REIS, José Guilherme; RODRIGUEZ, José Santos; BARROS, Ricardo Paes de (1991). A desigualdade de renda. Em VELLOSO, João Paulo dos Reis, coord., *A questão social no Brasil.* São Paulo, Nobel, p. 135-51.

BARROS, Ricardo Paes de & MENDONÇA, Rosane. Geração e reprodução da desigualdade de renda no Brasil. Em *Perspectivas da economia brasileira 1994.* Rio de Janeiro, Ipea, 1993, v.2, p. 471-90.

BONELLI, Regis (2003). Nível de atividade e mudança cultural. Em *Estatísticas do século XX.* Rio de Janeiro, IBGE, 2003, p. 369-412.

—— & SEDLACEK, Guilherme Luís (1989). Distribuição de renda: evolução no último quarto de século. Em SEDLACEK, Guilherme Luís & PAES DE BARROS, Ricardo, eds., *Mercado de trabalho e distribuição de renda: uma coletânea.* Rio de Janeiro, Ipea, p. 7-24.

CONSTITUIÇÃO POLÍTICA DO IMPÉRIO DO BRASIL, de 25 de março de 1824. Em ALMEIDA, Fernando H. Mendes de, org., *Constituições do Brasil*, São Paulo, Saraiva, 1954.

DREWNOWSKI, Jan & SCOTT (1966). *The level of living index.* Report 4, UNRISD (United Nations Research Institute for Social Development).

FISHLOW, Albert. (1972). Brazilian size distribution of income. *American Economic Review,* v. 62, maio.

HAMILTON, Alexander; MADISON, James; JAY, John. *The Federalist* (1787-8), Chicago, Encyclopaedia Britannica, 1952 [Great Books, 43].

HERÓDOTO (1985). C. 450 a.C. *História*. Trad. Mário da Gama Kury. Brasília, Ed. UNB.

HIGNETT, Charles (1967). *A history of the Athenian constitution to the end of the fifth century*, B. C. Londres, Oxford.

IBGE, Instituto Brasileiro de Geografia e Estatística (1900-2000). *Censos Demográficos de 1900, 1920, 1940, 1950, 1960, 1970, 1980, 1991, 2000 e 2010* (resultados preliminares). Rio de Janeiro, IBGE.

—— (1977). *Séries Retrospectivas 1977*. Rio de Janeiro, IBGE.

—— (2000-2009). *Sistema de contas nacionais*. Rio de Janeiro.

—— (2000-2010). *Síntese de Indicadores Sociais* (2000-2010). Rio de Janeiro.

—— (2003). *Estatísticas do século XX*. Rio de Janeiro.

—— (2006-2011). www.ibge.gov.br.

—— (2002-2009) *Contas regionais do Brasil*. Rio de Janeiro.

—— (1995-2009) *Pesquisas Nacionais por Amostra de Domicílios — Pnads*. Rio de Janeiro.

IPEA, Instituto de Pesquisa Econômica Aplicada (2004-2011). www.ipeadata.org.br.

KANT, Immanuel (1797). *The science of right*. Trad. de W. Hastie, Chicago, Encyclopaedia Britannica, 1952 [Great Books, 42].

KUZNETS, Simon (1966). *Modern economic growth: rate, structure and spread*. New Haven, Yale University Press.

—— (1971). *Economic growth of nations*. Cambridge, Harvard University Press.

LANGONI, Carlos (1973). *Distribuição de renda e desenvolvimento econômico no Brasil*. Rio de Janeiro, Expressão e Cultura.

LUCAS JR., Robert. E. (1988). On the mechanics of economic development. *Journal of Monetary Economics*, v. 22, n. 1, julho.

MCGRANAHAN, D.V. et al. (1972). *Contents and measurement of socioeconomic development*. Nova York, Preager [a staff study of the UNRISD].

MEYERHOFF, Hans, ed. (1959). *The philosophy of history in our time*. Nova York, Doubleday,

MILL, John Stuart. *Representative government* (1861), Chicago, Encyclopaedia Britannica, 1952 [Great Books, 43].

MONTESQUIEU, Charles-Louis de Secondat, baron de La Brède et de (1748) *De l'esprit des lois*. Paris, Gallimard, 1995 (texto de 1758), 2 v., parte I, livro II, capítulo 2, p. 39.

NABUCO, Joaquim (1883). *O abolicionismo*. Em SANTIAGO, Silviano, coord., *Intérpretes do Brasil*. Rio de Janeiro, Nova Aguilar, v.1 p. 20-167. [A edição de 1883 é de Londres, Tip. de Abraham Kingdon].

—— (1900). *Minha formação*. Rio de Janeiro, José Olympio, 1957. [A edição de 1900 é do Rio de Janeiro, H. Garnier].

PAIVA ABREU, Marcelo de (2003). O Brasil no século XX: a economia. Em *Estatísticas do século XX*. Rio de Janeiro, IBGE, 2003, p. 333-42.

REIS, Estáquio; BLANCO, Fernando; MORANDI, Lucienne; MEDINA, Mérida; PAIVA ABREU, Marcelo de.

Século XX nas contas nacionais. Em IBGE (2003), p. 493-523.

ROCHA, Sonia & ALBUQUERQUE, Roberto Cavalcanti de. Geografia da pobreza extrema e vulnerabilidade à fome. Em VELLOSO, João Paulo dos Reis & ALBUQUERQUE, Roberto Cavalcanti de, coords., *A nova geografia da fome e da pobreza*. Rio de Janeiro, José Olympio, 2004, p. 27-77 (Fórum Nacional).

—— (2003). *Pobreza no Brasil: afinal, de que se trata?* Rio de Janeiro, FGV Editora.

—— (2001-2009). Proporção de pobres e indigentes e coeficiente de Gini, Brasil, regiões e estados, 2001-2009. Tabulações especiais das Pnads (Pesquisas Nacionais por Amostra de Domicílios, IBGE).

ROMER, Paul M. (1986). Increasing returns and long-run growth. *Journal of Political Economy*, v. 94, n. 5, out., p. 1002-37.

SEDLACEK, Guilherme Luís & PAES DE BARROS, Ricardo, eds. (1989). *Mercado de trabalho e distribuição de renda: uma coletânea*. Rio de Janeiro, Ipea [Série Monográfica, 35].

SHUMPETER, Joseph A. (1911). *Teoria do desenvolvimento econômico*. Rio de Janeiro, Fundo de Cultura, 1961.

SMITH, Adam (1776). *An inquiry into the nature and causes of the wealth of nations*. Chicago, Encyclopaedia Britannica, 1952 (Great Books, 39).

THE WORLD BANK (1984). *World development report 1984*. Nova York, Oxford University Press.

—— (1989). *World Development Report 1998-9 — Knowledge for development*. Oxford-Washington D.C.

—— (1990-2010). *World development indicators database*. www.worldbank.com.

—— (2004). Selected World Indicators. Em *World development report 2004: making services work for people*. Nova York, Oxford University Press.

TOLOSA, Hamilton (1993). A pobreza absoluta. Em ALBUQUERQUE, Roberto Cavalcanti de, coord., p. 189-212.

TOYNBEE, Arnold Joseph, *A study of History*. London. Oxford University Press, 1934-61. 12 v.

TUCÍDIDES (C. 430 a. C.) *História da guerra do Peloponeso*. Trad. Mário da Gama Kury. Brasília, Editora UNB, 1982.

UNDP, United Nations Development Programme (1990-2010). *Human development reports*. Nova York-Oxford, Oxford University Press. PNUD.

—— www.undp.org.

UNITED NATIONS (2010). *World Population Prospects: the 2008 revision*. UN, Population Division, Department of Economic and Social Affairs.

VALLE E SILVA, Nelson do & OLIVEIRA BARBOSA, Maria Ligia (2003). População e estatísticas vitais. Em IBGE, p. 31-57.

VELLOSO, João Paulo dos Reis (1986). *O último trem para Paris: de Getúlio a Sarney: "milagres", choques e crises no Brasil moderno*. Rio de Janeiro, Nova Fronteira.

—— coord. (1992). *Estratégia social e desenvolvimento*. Rio de Janeiro, José Olympio [Fórum Nacional].

—— (2002). *O Brasil e a economia do conhecimento.* Rio de Janeiro, José Olympio [Fórum Nacional].

—— (2010). *Plano Nacional de Desenvolvimento: a hora e vez do Brasil. Seis revoluções para tornar o Brasil um país desenvolvido.* Rio de Janeiro, Fórum Nacional.

—— & ALBUQUERQUE, Roberto Cavalcanti de, coords. (2004). *A nova geografia da fome e da pobreza.* Rio de Janeiro, José Olympio [Fórum Nacional].

—— (2007). *Chegou a vez do Brasil? Oportunidade para a geração de brasileiros que nunca viu o país crescer.* Rio de Janeiro, José Olympio [Fórum Nacional].

WILLIANSON, J. (1965). Regional inequality and the process of national development. *Economic development and cultural change,* v. 13, 1965, p. 25-45.

Este livro foi impresso nas oficinas da
Distribuidora Record de Serviços de Imprensa S.A.
Rua Argentina, 171 – Rio de Janeiro, RJ
para a Editora José Olympio Ltda.
em junho de 2011

*

79º aniversário desta Casa de livros, fundada em 29.11.1931